BKC 강해 주석 24
로마서

The Bible Knowledge Commentary

Copyright © 1985 by SP Publications, Inc.
Originally published in English under the title: *Bible Knowledge Commentary OT and NT*
David C. Cook, 4050 Lee Vance View, Colorado Springs, Colorado 80918 U.S.A.
All rights reserved.

This Korean edition copyright © 1988, 2016 by Duranno Ministry
38, Seobinggo-ro 65-gil, Yongsan-gu, Seoul, Republic of Korea

This edition is published by arrangement with David C. Cook.

본 저작물의 한국어판 저작권은 David C. Cook과 독점 계약한 두란노서원이 소유합니다.
신 저작권법에 의거하여 한국 내에서 보호받는 저작물이므로 무단 전재와 무단 복제를 금합니다.

BKC 강해주석 24

로마서

지은이 | 존 위트머   옮긴이 | 허미순
개정2판 1쇄 발행 | 2011. 7. 25.
개정2판 4쇄 발행 | 2020. 8. 4.

등록번호 | 제1988-000080호
등록된 곳 | 서울특별시 용산구 서빙고로 65길 38
발행처 | 사단법인 두란노서원
영업부 | 2078-3352 FAX 080-749-3705
출판부 | 2078-3332

▌책값은 뒤표지에 있습니다.
 ISBN 978-89-531-1634-4 03230
 (set) 978-89-531-2540-7 04230

▌독자의 의견을 기다립니다.
tpress@duranno.com   http://www.Duranno.com

▌이 책의 성경 본문은 개역개정판을 사용했습니다.

두란노서원은 바울 사도가 3차 전도여행 때 에베소에서 성령 받은 제자들을 따로 세워 하나님의 말씀으로 양육하던 장소입니다. 사도행전 19장 8~20절의 정신에 따라 첫째 사역자를 돕는 사역과 평신도를 훈련시키는 사역, 둘째 세계선교(TIM)와 문서선교(단행본·잡지) 사역, 셋째 예수문화 및 경배와 찬양 사역, 그리고 가정·상담 사역 등을 감당하고 있습니다. 1980년 12월 22일에 창립된 두란노서원은 주님 오실 때까지 이 사역들을 계속할 것입니다.

BKC 강해 주석 24
로마서

존 위트머 지음 | 허미순 옮김

두란노

CONTENTS

로 마 서

서론 ·· 8
개요 ·· 16
주해 ·· 20

I. 서론적인 내용(1:1~17)

A. 인사(1:1~7) ··· 20
B. 관계 설정(1:8~15) ·· 25
C. 주제의 강조(1:16~17) ··· 26
C. 주제의 강조(1:16~17) ··· 26

II. 심판에서 드러난 하나님의 의(1:18~3:20)

A. 이교도에 대한 심판(1:18~32) ···································· 29
B. 하나님의 기준에 따른 심판(2:1~16) ··························· 37
C. 불신실한 유대인에 대한 심판(2:17~3:8) ······················ 43
D. 모든 인간에 대한 심판(3:9~20) ································· 50

III. 칭의에서 드러난 하나님의 의(3:21~5:21)

A. 공급된 의(3:21~31) ·· 54
B. 공급된 의 조명(4장) ·· 61
C. 공급된 의를 즐거워함(5:1~11) ··································· 70
D. 공급된 의의 대조(5:12~21) ······································· 75

IV. 성화에서 드러난 하나님의 의(6~8장)

A. 성화의 배경(6:1~4) ·· 84

B. 성화를 위한 자세(6:5~23) ·········· 87
  C. 성화에서의 갈등(7장) ············ 95
  D. 성화를 위한 능력(8:1~17) ·········· 105
  E. 성화의 목표(8:18~27) ············ 112
  F. 성화의 확실성(8:28~39) ··········· 117

Ⅴ. 주권적인 선택에서 드러난 하나님의 의(9~11장)

  A. 하나님의 주권적인 선택 선언(9:1~29) ······ 125
  B. 하나님의 주권적인 선택의 적용(9:30~10:21) ··· 134
  C. 하나님의 주권적인 선택의 성취(11장) ······ 142

Ⅵ. 변화된 삶 속에서 드러난 하나님의 의(12:1~15:13)

  A. 기본적인 헌신(12:1~2) ··········· 157
  B. 그리스도인의 사역에서(12:3~8) ········ 159
  C. 사회적인 관계 속에서(12:9~21) ········ 161
  D. 권세에 대해서(13:1~7) ··········· 166
  E. 미래에 비추어(13:8~14) ··········· 167
  F. 그리스도인 형제를 대함에 있어서(14:1~15:13) ·· 170

Ⅶ. 맺음말(15:14~16:27)

  A. 개인적인 계획(15:14~33) ·········· 182
  B. 개인적인 인사(6:1~16) ··········· 189
  C. 맺음말(16:17~27) ············· 194

참고문헌 ··· 198

Παῦλος δοῦλος Χριστοῦ Ἰησοῦ, κλητὸς ἀπόστολος ἀφωρισμένος εἰς εὐαγγέλιον θεοῦ, ὃ προεπηγγείλατο διὰ τῶν προφητῶν αὐτοῦ ἐν γραφαῖς ἁγίαις περὶ τοῦ υἱοῦ αὐτοῦ τοῦ γενομένου ἐκ σπέρματος Δαυὶδ κατὰ σάρκα, τοῦ ὁρισθέντος υἱοῦ θεοῦ ἐν δυνάμει κατὰ πνεῦμα ἁγιωσύνης ἐξ ἀναστάσεως νεκρῶν, Ἰησοῦ Χριστοῦ τοῦ κυρίου ἡμῶν, δι' οὗ ἐλάβομεν χάριν καὶ ἀποστολὴν εἰς ὑπακοὴν πίστεως ἐν πᾶσιν τοῖς ἔθνεσιν ὑπὲρ τοῦ ὀνόματος αὐτοῦ, ἐν οἷς ἐστε καὶ ὑμεῖς κλητοὶ Ἰησοῦ Χριστοῦ, πᾶσιν τοῖς οὖσιν ἐν Ῥώμῃ ἀγαπητοῖς θεοῦ, κλητοῖς ἁγίοις, χάρις ὑμῖν καὶ εἰρήνη ἀπὸ θεοῦ πατρὸς ἡμῶν καὶ κυρίου Ἰησοῦ Χριστοῦ. Πρῶτον μὲν εὐχαριστῶ τῷ θεῷ μου διὰ Ἰησοῦ Χριστοῦ περὶ πάντων ὑμῶν ὅτι ἡ πίστις ὑμῶν καταγγέλλεται ἐν ὅλῳ τῷ κόσμῳ.

| The Bible Knowledge |
| Commentary 24 |

Romans

~ 서론 ~

서론

이 서신은 바울의 저작물과 신약성경 중에서는 물론이고, 모든 고대 문학 중에서도 가장 뛰어난 서간체 작품이다. 바울이 이 서신을 가장 먼저 쓴 것이 아님에도 불구하고 이 서신은 바울의 모든 저작물 가운데 맨 처음에 위치한다. 이는 이 서신의 주제와 내용의 중요성을 증명한다. 또한 이 서신의 수신자들이 살고 있던 수도 로마의 지역상의 중요성을 반영한다. 게다가 바울이 로마에 이른 것으로 끝나는 사도행전에 이어서 로마서가 나오는 것도 순서상 자연스럽다.

저자

바울이 이 서신의 저자라는 것은 아무도 부인하지 않는 사실이다. 고대 이단자들조차 로마서를 바울이 썼다는 것을 인정했다. 성경의 다른 많은 사실을 부인하는 현대(19C 이후)의 과격한 독일 비평가들도 그렇다고 인정한다. 물론 바울 자신도 저자로서 자기 이름을 밝힌 바 있다(1:1). 그러나 이러한 사실은 바울이 로마서의 저자라는 보증이 될 수 없다. 왜냐하면 그가 썼으리라고는 생각되지 않는, 혹은 인정되지 않은 서신들에도 그의 이름이 나타나기 때문이다. 바울이 다른 서신에서는 자신의 이름을

여러 번 언급한 반면, 로마서에서는 꼭 한 번 말했을 뿐이다.

그러나 다른 내적인 여러 가지 세부 묘사들이 바울의 저작권을 지지한다. 그는 자신이 베냐민 지파임을 고백했다(11:1. 참조, 빌 3:5). 그리고 두 번째 선교 여행 때 고린도에서 만나(행 18:2~3) 에베소에서 헤어진(행 18:18~19) 브리스길라와 아굴라(롬 16:3)에게 문안했다. 바울은 마게도냐와 아가야 교회들이 보내는 사랑의 선물을 가지고 예루살렘으로 가려고 했는데(롬 15:25~27), 이 사실은 사도행전(19:21; 20:1~5; 21:15, 17~19)과 고린도전후서(고전 16:1~5; 고후 8:1~12; 9:1~5)에서 확인된다. 그리고 바울은 로마를 방문하려는 의도를 여러 번 밝혔는데(롬 1:10~13, 15; 15:22~32), 이 사실 또한 사도행전에서 확인된다(행 19:21). 특히 로마서와 사도행전에 나타난 내용이 분명하게 일치하는 것은 바울이 이 서신의 저자임을 뒷받침하고 있다.

통일성

그러나 로마서의 통일성과 완전성을 받아들이는 것은 별개의 문제이다. 마르시온으로부터 현재까지 많은 비평가들은 15장과 16장 혹은 그 일부가 본래 이 서신에 속한 것인지를 의심하고 있다. 에베소에 정착한 것으로 보이는(행 18:19, 26) 브리스길라와 아굴라에 대한 바울의 문안 때문에 16장은 특별한 주시를 받고 있다. 그러나 그 부부는 전에 이달리야에 살았고(행 18:2), 그 당시 황제의 명령 때문에 그곳을 떠났다. 상황이 호전되자 로마로 되돌아왔을 수도 있다. 헬라어 주요 사본들은 이 서신의 통일성을 지지하고 있으며, 이 점에 대해서는 학자들도 의견의 일치를 보이고 있다.

수신자

이 서신의 수신자들을 확인하는 데는 큰 어려움이 따른다. 바울은 단순히 "로마에서 하나님의 사랑하심을 받고 성도로 부르심을 받은 모든 자에게"(롬 1:7)라고 했을 뿐 "로마에 있는 교회에게"라고 적지는 않았다. 그런데 바울이 아굴라와 브리스길라의 집에서 모인 교회에게 문안한 것으로 보아(16:5), 로마에는 분명히 교회가 존재했다. 로마에는 아마도 여러 개의 교회가 있었을 것이다. 그래서 바울은 편지의 수신자를 '교회' 대신에 '성도들'이라고 썼을 것이다.

　로마에 있는 성도들은 과연 유대인들이었을까, 아니면 이방인들이었을까? 대답은 둘 다 맞다. 예를 들어, 아굴라는 유대인이었으며(행 18:2), 바울의 친척으로 밝혀진 안드로니고와 유니아와 에로디온(롬 16:7, 11)도 유대인이었다. 요세푸스와 다른 사람들의 증언에 따르면, 당시 로마에는 유대인들이 공동체를 형성하고 있었다(참조, 행 28:17~28). 그러나 로마는 이방인들의 도시이자 이방 제국의 수도였기 때문에 그곳에 사는 유대인(믿는 자들과 믿지 않는 자들)은 소수 민족이었다. 게다가 바울이 유대인을 향한 전도와 사역에 결코 실패하지 않았음에도 불구하고 하나님이 그에게 주신 소명은 '이방인의 사도'였다(롬 11:13. 참조, 15:16). 그래서 그의 독자들은 대부분 이방인들이었다고 결론지을 수 있다.

편지의 내용이 이 결론을 지지한다. 바울은 먼저 유대인을 향하여(2:17) '우리 조상 아브라함'(4:1, 12)을 언급하면서 자신을 비롯한 유대인 그리스도인들에게 말했다. 반면에 바울은 직접적으로 "내가 이방인인 너희에게 말하노라"(11:13)라고 말하기도 했다. 이 외에도 몇 개의 구절들이 이방인 그리스도인들이 로마서의 수신자임을 알려 준다(11:17~31; 15:14~16). 사실 1장 5절과 13절은 바울이 이방인들이 주를 이루고 있는 로마의 그리스도인 공동체를 염두에 두고 있음을 암시하고 있다.

사도 바울이 아직 로마를 방문하기 전이었는데, 어떻게 기독교 신앙이 그 도시에 소개되었을까? 분명히 어떤 사도도 아직 로마에 이르지 않았다. 바울의 말에 따르면, 그는 개척 선교사이며 복음을 받지 않은 처녀지를 개척하는 전도자였다(15:20). 그 당시 베드로는 로마에 있지 않았다. 왜냐하면 바울이 그에게 문안하지 않았기 때문이다. 만약 베드로가 그곳에 있었는데 문안하지 않았다면 그것은 중대한 실수였을 것이다.

로마에 교회가 어떻게 세워졌는지에 대한 타당한 대답은 아마도 '로마로부터 온 나그네'(행 2:10)들이 오순절 기적을 체험하고 베드로의 설교를 들은 무리 가운데 있었다는 사실이다. 그날 3천 명의 개종자들 가운데 이들이 있었을 것이며, 이들이 예수 그리스도를 믿는 자들이 되어 로마로 돌아가 자기들의 신앙을 선전했을 것이다. 오순절 이후 여러 해 동안 다른 그리스도인들도 로마로 이주해 왔을 터인데, 그것은 로마가 제국 전역으로부터 많은 사람이 사업과 여러 가지 이유로 몰려드는 곳이었기 때문이다. 아굴라와 브리스길라가 그 좋은 예이다. 그들은 이전에 이달리야에 살았는데(행 18:2), 상황이 좋아지자 곧 되돌아갔을 것이다. 이 서신의 전달자로 보이는 뵈뵈(롬 16:1~2)도 그런 예이다. 그녀가 로마에 간 우선적인 목적은 바울의 편지를 전달하는 일이 아니었다. 그녀는 로마로 가는 길에 바울의 편지를 전달한 것이다. 사실 뵈뵈가 로마 여행을 계획한 것이 바울로 하여금 이 편지를 쓰게 하는 특별한 기회가 되었을 것이다. 바울은 이 기회를 이용해 그토록 관심을 갖고 있었고 곧 방문하려고 했던 로마의 그리스도인들과 서신으로 교제를 나누었다고 말할 수 있다.

16장에서 바울이 베드로에게 문안하지 않았던 것은 베드로가 당시에 로마에 있지 않았다는 증거이다. 바울의 개인적인 수많은 문안들(28명의 이름이 나오고 여러 그룹이 나온다)은 로마 교회의 설립과 발달에 있어서의 바울의 영향력을 드러내 준다. 그곳에 있는 그리스도인들 중에 많은 사람이 바울을 통해 개종한 자들이거나 여러 지역에서 그와 교제하던 자들이었다. 결과적으로 바울은 로마의 그리스도인들에게 전적인 관심을 갖고 있었다. 그는 그곳에 있는 교회를(이 서신에서 증언하는 바와 같이) 자신의 교회로 생각했다.

기록 장소와 기록 연대

바울은 이 서신을 기록한 도시를 밝히지 않았지만, 그곳은 고린도의 동쪽 항구 겐그레아(16:1)였다. 바울은 세 번째 선교 여행이 끝날 무렵 마게도냐와 아가야 교회들이 예루살렘 교회의 가난한 신자들에게 보내는 헌물을 가지고 예루살렘으로 돌아가기 직전에(롬 15:26) 그리스에서 '3개월'을 지내면서(행 20:3) 이 서신을 기록했다. 바울은 고린도를 떠나 빌립보에서 유월절과 무교절을 보내면서(행 20:6) 오순절이 되기 전에 예루살렘에 당도하기를 바랐다(행 20:16). 그러므로 이 서신은 AD 57년 늦겨울 혹은 58년 이른 봄에 기록되었다.

기록 동기

뵈뵈가 로마 여행을 계획했던 것은(롬 16:2) 바울이 이 서신을 기록하는 계기가 되었다. 그는 여러 가지 써야 할 내용을 갖고 있었다. 그가 이 서신을 쓴 가장 분명한 의도는 예루살렘으로 돌아갔다가 로마를 방문하려는 계획(15:24, 28~29. 참조, 행 19:21)을 알리는 것과 그의 방문에 대해 로마의 그리스도인들을 준비시키는 것이었다. 바울은 로마의 신자들을 심령에 두고 오랫동안 그들을 위해 기도해 왔다(롬 1:9~10). 로마를 방문해 그들을 위해 사역하려던 바울의 바람이 지금까지 이루어지지 않았지만, 이제 이루어지려 하고 있었다(1:11~15; 15:22~23, 29, 32). 그러므로 바울은 그들에게 자기의 계획을 알려서 그들이 충만함을 받기 위해 미리 준비하고 기도하기를 원했다(15:30~32).

바울이 이 서신을 쓴 두 번째 의도는 자기가 전파했던 복음을 완전하고 자세하게 설명하려는 것이다. 바울은 "로마에 있는 너희에게도 복음 전하기를" 원했고(1:15), 이 복음이 무엇인지 그들이 알기를 원했다. 결과적으로 바울은 유다가 "우리가 일반으로 받은 구원에 관하여 내가 너희에게 편지하려는"(유 1:3) 것을 이 편지에 기록했다. 아마도 유다가 그렇게 하지 않았던 이유는 바울이 이미 했기 때문일 것이다. 그리고 인간에 대한 유죄 선고로부터 인간이 하나님 앞에서 영생을 소유하고 주 예수 그리스도의 형상을 이루기까지 인간 구원을 위한 삼위일체 하나님의 계획을 바울이 로마서에서 충분히 논리적으로 설명했기 때문일 것이다.

세 번째 의도는 앞의 두 가지만큼 분명하지는 않다. 그것은 로마의 그리스도인들 중 유대인과 이방인 집단 사이에 있을 수 있는 긴장과 갈등에 관련된 내용이다. 바울은 사역 중에 유대주의자들의 추적을 받았는데, 그들은 도시마다 쫓아다니며 바울이 개종시킨 자들을 복음의 자유에서 돌이키게 하려고 했다(갈 5:1). 갈라디아서는 유대주의자들에게 응수하는 유일한 서신이 아닌데도 불구하고 바울의 전형적인 서신으로 꼽히는 편지이다. 로마서가 기록될 당시 그들은 바울을 해하려고 공모하고 있었다(행 20:3). 그 유대주의자들이 바울보다 먼저 로마에 도착했든 안 했든 관계없이 유대인 대 이방인의 문제가 이 서신에 널리 나타난다. 바울은 어느 쪽도 편들지 않고 조심스럽게 양 편의 문제를 다루었다. 그는 한편으로 유대인의 연대기적 역사의 우선성을 강조했다. "유대인에게요 그리고 헬라인에게로다"(롬 1:16. 참조, 2:9~10). 또한 그는 '유대인의 나음'(3:1~2; 9:4~5)을 강조했다. 그렇지만 다른 한편으로 그는 "하나님은 한 분이시니라"(3:30), 즉 "그분은 유대인의 하나님이실 뿐 아니라 이방인의 하나님이시다"(3:29)라고 지적했다. 결과적으로 "유대인이나 헬라인이나 다 죄 아래에 있다"(3:9). 그리고 주 예수 그리스도를 믿는 믿음과 대속적이고 화목적인 그분의 희생을 믿는 믿음으로 구원받는 것도 같다. 하나님은 예수 그리스도를 믿는 이방인들을 구원 계획에 포함시키시고 모든 인간에게 은혜를 확대시키시기 위해 이스라엘에 대한 특별한 계획을 잠시 중단하셨다. 그것은 종교 지도자들을 비롯해 모든 이스라엘 백성이 하나님의 아들을 메시아로 믿지 않고 배척했기 때문이다. 이 기간 동안 하나님은 계속 "은혜로 택하심을 따라 남은 자"(11:5)를 "이방인의 충만한 수가 들어오기까지"(11:25) 두시며 이스라엘 나라에 다시 약속을 세우시고 성취하신다.

 이 서신 전체에 흐르는 유대인 대 이방인의 긴장감은 명백히 드러나지 않지만 하나님의 구원 계획에서 보이는 바와 같은 그분의 선하심과 지혜와 정의를 의심하는 나직한 음조로 드러난다. 결과적으로 로마서는 믿음의 은혜를 통해 온 인류를 구원하시는 하나님의 구원 계획을 선언하는 것으로, 바울이 쓴 '하나님의 은혜의 복음'(행 20:24)에 대한 설명서 이상의 것이다. 그것은 신정설, 즉 하나님을 위한 변증이며, 하나님의 본성과 구원 계획에 대한 변호와 입증이다. 로마서는 하나님을 "자기도 의로우시며 또한 예수 믿는 자를 의롭다 하려 하시는 분"(롬 3:26)으로 규정했다. 이것은 "깊도다 하나님의 지혜와 지식의 풍성함이여"(11:33)에서 두드러지며, 독자들에게 "사람은 다 거짓되되 오직 하나님은 참되시다 할지어다"(3:4)라고 말하게 한다.

주제

바울이 이 서신에 쓰려고 했던 세 가지 목적(특히 후자의 두 가지 의도)을 발전시킨 것이 이 서신의 주제이다. 그것을 가장 간단하고 일반적인 용어로 말하면 '복음'(1:6)이다. 좀더 분명하게 말하면 그것은 복음에서 '드러나는 하나님의 의'이며 "믿음으로 믿음에 이르게 하는 의"(1:17)이다. 이 '하나님의 의'는 첫째로, 하나님이 소유하신 의이며, 그분의 모든 행위에 나타나는 의이다. 둘째로, 그 의는 믿음의 은혜를 통해 인류에게 주시는 의이다. 이 의에는 하나님 앞에 서는 전가된 의(의롭다 하심)와 부여받은 의의 행실과 점진적으로 변화되는 삶이 포함되는데, 후자는 성령의 중생케 하심과 내주하심에서 기인한다(중생과 성화). 행실은 믿는 자가 그리스도 안에서 죽음과 부활 혹은 변화 – "양자 될 것 곧 우리 몸의 속량"(8:23) – 를 통하여 "그 아들의 형상을 본받아"(8:29) 하나님 앞에 설 때, 그 앞에 서기에 적합하게 하고 완전하게 한다(영화). 하나님의 인간 구원 계획은 하나님이 하시는 일이기 때문에 실패하지 않을 것이다. "너희 안에서 착한 일을 시작하신 이가 그리스도 예수의 날까지 이루실 줄을 우리는 확신하노라"(빌 1:6).

개요

I. 서론적인 내용(1:1~17)

  A. 인사(1:1~7)
  B. 관계 설정(1:8~15)
  C. 주제 강조(1:16~17)

II. 심판에서 드러난 하나님의 의(1:18~3:20)

  A. 이교도에 대한 심판(1:18~32)
  B. 하나님의 기준에 따른 심판(2:1~16)
  C. 불신실한 유대인에 대한 심판(2:17~3:8)
  D. 모든 인간에 대한 심판(3:9~20)

III. 칭의에서 드러난 하나님의 의(3:21~5:21)

  A. 공급된 의(3:21~31)
  B. 공급된 의 조명(4장)
  C. 공급된 의를 즐거워 함(5:1~11)
  D. 공급된 의의 대조(5:12~21)

IV. 성화에서 드러난 하나님의 의(6~8장)

  A. 성화의 근거(6:1~4)
  B. 성화를 위한 자세(6:5~23)
  C. 성화에의 갈등(7장)

  D. 성화를 위한 능력(8:1~17)
  E. 성화의 목표(8:18~27)
  F. 성화에의 확신(8:28~39)

Ⅴ. 주권적인 선택에서 드러난 하나님의 의(9~11장)

  A. 하나님의 주권적인 선택 선언(9:1~29)
  B. 하나님의 주권적인 선택 적용(9:30~10:21)
  C. 하나님의 주권적인 선택을 이루심(11장)

Ⅵ. 변화된 삶 속에서 드러난 하나님의 의(12:1~15:13)

  A. 기본적인 봉헌(12:1~2)
  B. 그리스도인의 사역에서(12:3~8)
  C. 사회적인 관계 속에서(12:9~21)
  D. 권세에 대하여(13:1~7)
  E. 미래에 비추어(13:8~14)
  F. 그리스도인 형제를 대함에 있어서(14:1~15:13)

Ⅶ. 끝맺는 말(15:14~16:27)

  A. 개인적인 계획들(15:14~33)
  B. 개인적인 인사(6:1~16)
  C. 맺음말(16:17~27)

Παῦλος δοῦλος Χριστοῦ Ἰησοῦ, κλητὸς ἀπόστολος ἀφωρισμένος εἰς εὐαγγέλιον θεοῦ, ὃ προεπηγγείλατο διὰ τῶν προφητῶν αὐτοῦ ἐν γραφαῖς ἁγίαις περὶ τοῦ υἱοῦ αὐτοῦ τοῦ γενομένου ἐκ σπέρματος Δαυὶδ κατὰ σάρκα, τοῦ ὁρισθέντος υἱοῦ θεοῦ ἐν δυνάμει κατὰ πνεῦμα ἁγιωσύνης ἐξ ἀναστάσεως νεκρῶν, Ἰησοῦ Χριστοῦ τοῦ κυρίου ἡμῶν, δι' οὗ ἐλάβομεν χάριν καὶ ἀποστολὴν εἰς ὑπακοὴν πίστεως ἐν πᾶσιν τοῖς ἔθνεσιν ὑπὲρ τοῦ ὀνόματος αὐτοῦ, ἐν οἷς ἐστε καὶ ὑμεῖς κλητοὶ Ἰησοῦ Χριστοῦ, πᾶσιν τοῖς οὖσιν ἐν Ῥώμῃ ἀγαπητοῖς θεοῦ, κλητοῖς ἁγίοις, χάρις ὑμῖν καὶ εἰρήνη ἀπὸ θεοῦ πατρὸς ἡμῶν καὶ κυρίου Ἰησοῦ Χριστοῦ. Πρῶτον μὲν εὐχαριστῶ τῷ θεῷ μου διὰ Ἰησοῦ Χριστοῦ περὶ πάντων ὑμῶν ὅτι ἡ πίστις ὑμῶν καταγγέλλεται ἐν ὅλῳ τῷ κόσμῳ.

The Bible Knowledge Commentary 24
Romans
주해

주해

I. 서론적인 내용(1:1~17)

A. 인사말(1:1~7)

일반적으로 고대 서신형식은 (1) 발신자의 이름, (2) 수신자의 이름, (3) 인사말로 이루어진다. 로마서가 '복음'에 대한 긴 설명을 담고 있기는 하지만, 바울은 서신의 형식을 따라 이 서신을 기록했다. 이러한 형식은 히브리서와 요한일서를 제외한 신약성경의 다른 모든 서신에서 나타난다 ("바울 서신에 나타난 서언들" 도표를 보라).

1:1 바울은 먼저 자신을 예수 그리스도의 종이라고 밝혔다. '종'(둘로스 [δοῦλος])은 노예, 즉 다른 사람에게 소유된 자를 뜻한다. 바울은 이 명칭을 즐겨 사용했는데(갈 1:10; 딛 1:1), 구약에서 이 명칭은 주인과 사랑

으로 묶인 노예를 말한다(출 21:2~6).

바울은 또한 자신이 **사도**(권위를 위임받아 보냄 받은 자. 참조, 마 10:2)로 부르심을 받았다고 소개한다(헬라어로, '부르심을 받은 사도'). 이 부르심은 사람들에 의해 공식적으로 인정받기는 하지만(갈 2:7~9), 본질적으로 하나님에게서 비롯된 것이다(행 9:15; 갈 1:1). 이 부르심에는 하나님의 복음을 위하여 '**택정함**'(구별됨, 아포리조[$\alpha\phi o\rho\iota\zeta\omega$]에서 파생된 단어. 참조, 행 13:2)이 수반되는데, 하나님에게서 비롯된 이 복음은 '그의 아들'(롬 1:2, 9)에 중심을 둔 복된 메시지이며, 바울은 이 복음을 부끄러워하지 않고(16절) '전하기를 힘썼다'(15절). 바울이 택정함(구별됨)을 입었다는 것은 그가 자신과 동료들을 위해 천막 짓는 일에서 제외되거나(행 20:34; 살전 2:9; 살후 3:8) 이교도 사회의 여러 계층과 어울리는 일을 멀리해야 한다는 의미가 아니다. 그것은 바리새인들과 같이 고립적인 구별이 아니라 참여와 헌신과 동역을 위한 구별이었다(흥미롭게도 '바리새인'이라는 말은 '구별된 사람'이라는 뜻이다).

바울 서신에 나타난 서언들

서신	바울의 명칭	바울의 동료들	주소	인사
로마서	사도로 부르심을 받아 하나님의 복음을 위하여 택정함을 입은 예수 그리스도의 종 바울	—	로마에서 하나님의 사랑하심을 받고 성도로 부르심을 받은 모든 자에게	하나님 우리 아버지와 주 예수 그리스도로부터 은혜와 평강이 있기를 원하노라.
고린도전서	하나님의 뜻을 따라 그리스도 예수의 사도로 부르심을 받은 바울	형제 소스데네	고린도에 있는 하나님의 교회 곧 … 거룩하여지고 … 또 각처에서 … 우리의 주 되신 예수 그리스도의 이름을 부르는 모든 자들에게	하나님 우리 아버지와 주 예수 그리스도로부터 은혜와 평강이 있기를 원하노라.
고린도후서	하나님의 뜻으로 말미암아 그리스도 예수의 사도 된 바울	형제 디모데	고린도에 있는 하나님의 교회와 또 온 아가야에 있는 모든 성도에게	하나님 우리 아버지와 주 예수 그리스도로부터 은혜와 평강이 있기를 원하노라.
갈라디아서	사람들에게서 난 것도 아니요 사람으로 말미암은 것도 아니요 오직 예수 그리스도와 그를 죽은 자 가운데서 살리신 하나님 아버지로 말미암아 사도 된 바울	함께 있는 모든 형제	갈라디아 여러 교회들에게	우리 하나님 우리 아버지와 주 예수 그리스도로부터 은혜와 평강이 있기를 원하노라.
에베소서	하나님의 뜻으로 말미암아 그리스도 예수의 사도 된 바울	—	에베소에 있는 성도들과 그리스도 예수 안에 있는 신실한 자들에게	하나님 우리 아버지와 주 예수 그리스도로부터 은혜와 평강이 너희에게 있을지어다.
빌립보서	그리스도 예수의 종 바울	디모데	그리스도 예수 안에서 빌립보에 사는 모든 성도와 또한 감독들과 집사들에게	하나님 우리 아버지와 주 예수 그리스도로부터 은혜와 평강이 너희에게 있을지어다.

골로새서	하나님의 뜻으로 말미암아 그리스도 예수의 사도 된 바울	형제 디모데	골로새에 있는 성도들 곧 그리스도 안에서 신실한 형제들에게	우리 아버지 하나님으로부터 은혜와 평강이 너희에게 있을지어다.
데살로니가전서	바울	실루아노와 디모데	하나님 아버지와 주 예수 그리스도 안에 있는 데살로니가인의 교회	은혜와 평강이 너희에게 있을지어다.
데살로니가후서	바울	실루아노와 디모데	하나님 우리 아버지와 주 예수 그리스도 안에 있는 데살로니가인의 교회	하나님 아버지와 주 예수 그리스도로부터 은혜와 평강이 너희에게 있을지어다.
디모데전서	우리 구주 하나님과 우리의 소망이신 그리스도 예수의 명령을 따라 그리스도 예수의 사도 된 바울	—	믿음 안에서 참 아들 된 디모데에게	하나님 아버지와 그리스도 예수 우리 주께로부터 은혜와 긍휼과 평강이 네게 있을지어다.
디모데후서	하나님의 뜻으로 말미암아 그리스도 예수 안에 있는 생명의 약속대로 그리스도 예수의 사도 된 바울	—	사랑하는 아들 디모데에게	하나님 아버지와 그리스도 예수 우리 주께로부터 은혜와 긍휼과 평강이 네게 있을지어다.
디도서	하나님의 종이요 예수 그리스도의 사도인 나 바울	—	같은 믿음을 따라 나의 참 아들 된 디도에게	하나님 아버지와 그리스도 예수 우리 구주로부터 은혜와 평강이 네게 있을지어다.
빌레몬서	그리스도 예수를 위하여 갇힌 자 된 바울	형제 디모데	우리의 사랑을 받는 자요 동역자인 빌레몬과 자매 압비아와 우리와 함께 병사 된 아킵보와 네 집에 있는 교회에	하나님 우리 아버지와 주 예수 그리스도로부터 은혜와 평강이 너희에게 있을지어다.

1:2 성경(Holy Scripture)이라는 단어는 분명히 구약성경을 말하며, 신약성경 중 오직 여기에만 나온다(디모데후서 3장 15절에 사용된 '성경'은 헬라어로 다른 단어를 사용한다). 바울은 복음이 어디에 약속되었는지에 대해 어떤 선지서도 인용하지 않았다. 그러나 에티오피아 내시를 만난 빌립이 이사야 53장 7~8절 말씀을 나눈 것이 좋은 예가 된다(행 8:30~35, 참조, 눅 24:25~27, 45~47).

1:3~4 하나님의 복음은 그의 아들 곧 우리 주 예수 그리스도에 관한 것이다. 이것은 그분의 인격의 기초로서, 그리고 다윗의 혈통에서 '나신'(분사 게노메누[γενομένου]는 문자적으로 'was'로 번역됨) 성육신 사건 이전부터 그분께 있었던 신성을 주장한다. 그분은 또한 다윗의 혈통에서 나신 것과 죽은 자 가운데서 부활하신 것에서 알 수 있듯이 진짜 사람이셨다. 부활은 그분이 하나님의 아들임을 선포한다. 왜냐하면 부활이 그분의 신성과 죽은 자 가운데서 살아날 것이라는 그분의 예언들(요 2:18~22; 마 16:21)을 입증했기 때문이다. 이 선포는 성결의 영으로(문자적으로 '성결의 영에 따라') 이루어졌다. 이것은 성령을 말하는 것이다. 어떤 사람들이 주장하듯이, 인간의 영을 말하는 것이 아니다.

1:5~7 예수님으로 말미암은 바울의 사역은 모든 이방인들 가운데 행하는 사역이다. 여기에는 바울이 한 교회로 일컫지 않고 개인적으로 일컬은 로마 신자들이 포함되었다. 바울은 대리자였으며(그리스도로 말미암아, 그리고 그리스도의 이름을 위해 은혜와 사도의 직분을 받은, 즉 '사도 직분의 은혜'를 받은 대리자. 참조, 12:3; 15:15), 그를 부르신(하나님의 구원으로의 부르심. 참조, 8:28, 30) 분은 주님이시고, 그의 독자들은 '성도'로 구

별된 자들이었다. 순종과 믿음은 종종 연결된다(참조, 15:18; 16:26; 벧전 1:2). 바울이 '부르심을 받은' 사도인 것처럼, 로마에 있는 믿는 자들도 예수 그리스도의 것으로 부르심을 받았고(문자적으로 '예수 그리스도의 부르심을 받은'), 성도로 부르심을 받았다.

바울의 인사말은 그의 모든 서신의 인사말과 같이 독자들에게 하나님의 은혜와 평강이 있기를 원한다는 것이다.

B. 관계 설정(1:8~15)

1:8~15 바울은 하나님께 감사드린다는 말로 편지의 본론을 시작하는데, 이것은 분명한 기도이며 수신자들에게 보내는 개인적인 메시지였다. 로마 성도들의 믿음이 온 세상에 전파된 것으로 기뻐한다는 바울의 말 가운데 사용된 '온 세상'은 전 로마 제국을 의미하는 과장된 표현이다. 바울은 그들을 위해 오랫동안 중보기도를 하면서(9~10절) 그들을 방문하려는 바람을 품고 있었는데, 이 오랜 바람은 결국 확고한 기도 제목이 되었다(10절. 참조, 15:23~24). 그는 자신의 방문이 서로에게 영적으로 도움이 될 것이라고 기대했다. 그는 세 가지 목적을 가지고 그들을 방문하려고 했다. (1) 로마의 성도들을 견고하게 하려고(1:11. "어떤 신령한 은사를 … 나누어 주어"는 '그들을 위해 자신의 은사를 사용한다,' 혹은 '그들에게 영적인 선물, 즉 축복을 나누어 준다'는 뜻이다). (2) 그들 중에 열매(결실)를 맺게 하려고(13절). (3) 피차 안위함을 얻으려고(12절). 이런 의미에서 바울의 로마 사역은 제국의 다른 주요 도시의 사역과 같다.

바울은 이방인의 '사도'(5절)였기 때문에 온 인류에게 하나님의 복음을 전해야 할(14~15절) 책임을 느꼈다(문자적으로 "내가 빚진 자라"). '야만인'은 헬라인의 관점으로 보아 헬라인이 아닌 다른 모든 인간을 의미한다(참조, 골 3:11). 이 단어와 평행을 이루는 단어는 다음에 나오는 '어리석은 자'(아노에토이스[ἀνόητοις], 참조, 딛 3:3)로, 미개하다는 의미를 갖는다. 이방 세계에 빚을 졌다는 바울의 생각은 제국의 수도 로마를 비롯하여 이방에게 복음을 전하려는 열의("나는 … 원하노라")를 낳았다.

C. 주제의 강조(1:16~17)

1:16 바울의 전도 열정은 그의 메시지, 즉 복음에 대한 평가에서 기인했다(바울은 로마서의 전개 부분에서 '복음'이라는 단어를 모두 다섯 번 사용했는데[1, 9, 15~17절], 이 구절은 그중 네 번째이다). 많은 사람이 복음을 이 서신의 주제로 생각한다. 바울은 복음을 인간의 영적 필요를 채워 주시는 하나님의 만병통치약이라고 선포했다. 또한 그는 복음을 민족에 관계없이 모든 믿는 자에게 구원을 주시는 하나님의 무한한 능력(뒤나미스[δύναμις]: 영적인 능력)이라고 했다. 그러나 그는 '먼저는'이라는 말에서 나타난 바와 같이 유대인의 우선권을 인정했다. 이 우선권에 대해서는 충분한 근거를 가지고 있다.

유대인은 하나님이 택하신 백성이며(11:1), 하나님의 계시를 맡은 관리자이고(3:2), 그리스도께서 그들에게서 나셨기 때문에(9:5) 연대기적인 우선권을 가진다. 그리고 예수께서 말씀하셨듯이 "구원이 유대인에게서

났다"(요 4:22). 바울은 언제나 새로운 도시에 도착하면 먼저 유대인을 찾았다(행 13:5, 14; 14:1; 17:2, 10, 17; 18:4, 19; 19:8). 그는 자기의 메시지를 거부한 유대인에게서 돌이켜 이방인에게 향한 적이 세 번 있었다(행 13:26; 18:6; 28:25~28. 참조, 엡 1:12의 주해). 오늘날 세계의 복음 전도는 유대인을 포함해야 하지만, 유대인의 우선권은 이미 성취되었다.

1:17 이 서신의 주제는 '하나님의 의가 나타났다'는 것이다. '하나님의 의'라는 말은 복음에 나타난 믿음에 근거하여 응답하는 사람에게 하나님이 공급하시는 의를 말한다(참조, 3:22). '믿음으로 믿음에 이르게'는 헬라어 엑크 피스테오스 에이스 피스틴[ἐκ πιστέως εἰς πίστιν]이며, 문자적으로는 '믿음에서 나서 믿음에 관하여'이다). 이런 의는 인간의 노력으로는 결코 성취할 수 없는 것이다. 그러나 이 의가 언제나 하나님의 본질과 기준에 부합한다고 하나님의 인격적 속성을 뜻하는 것은 아니다. 로버트슨은 그것을 '하나님 같은 의'라고 표현했다(A. T. 로버트슨, *Word Pictures in the New Testament*. Nashville: Broadman Press, 1943, 4:327).

믿음의 응답으로서 이 의는 하나님이 의롭다고 하실 때 부여되며, 중생과 성화의 과정에서 점진적으로 더 많이 주어지고, 지위와 신분이 일치되는 영화(glorification)의 때에 절정을 이룬다. '의'(righteousness)와 '의롭다고 하다'(justify)는 영어로 비교해 볼 때 관계가 없어 보이지만, 헬라어로는 관계가 있다. '의'는 디카이오쉬네(δικαιοσύνη)이며, '의롭다고 하다'는 디카이오오(δικαιόω)이다. 바울은 명사 디카이오쉬네(δικαιοσύνη)를 로마서에서 28번 사용하였고(1:17; 3:21~22, 25~26; 4:3, 5~6, 9, 11, 13, 22; 5:17, 21; 6:13, 16, 18~20; 8:10; 9:30; 10:3~6[3절에서 두 번], 10; 14:17), 다른 서신에서도 여러 번 사용했다. 그리고 동사 디카이오오(δικαιόω)를 로마서에서 15번 사용했다(2:13; 3:4, 20, 24, 26, 28, 30; 4:2, 5; 5:1, 9; 6:7; 8:30[두 번], 33). 어떤 사람을 의롭다고 하는 것은 그가 합법적으로 의롭다고 선언하는 것이다. NIV 성경은 2장 13절과 3장 20절에서 디카이오오(δικαιόω)를 '의롭다 하다'(declared righteous)로 번역했고, 6장 7절에서는 '자유하게 하다'(freed)라고 번역했다.

1장 17절을 끝맺는 바울의 말 "의인은 믿음으로 말미암아 살리라"는 갈라디아서 3장 11절과 히브리서 10장 38절에도 인용되었다. 그리스도를 믿으면(참조, 로마서 1장 16절의 '믿는'), 그는 '의롭다'는 선언을 받고(참조, 3:22) 영생을 얻게 된다. 얼마나 놀라운 하나님의 역사인가?

II. 심판에서 드러난 하나님의 의(1:18~3:20)

하나님이 믿는 자들에게 공급하시는 의에 대한 계시의 첫 단계는 그들이 하나님의 심판 아래 있기 때문에 그 의가 필요하다는 것을 깨닫게 하는 일이다. 하나님 앞에서 유죄 판결을 받은 인류는 하나님의 은혜가 아니면 도움도, 희망도 없는 상태에 있다.

A. 이교도에 대한 심판(1:18~32)

이 부분은 하나님이 아브라함을 부르시고 하나님의 백성을 형성하기 전의 인류를 고찰한다. 이 상황은 유대인들과 구별된 이방인들의 세계에서 지속되었다.

1. 심판의 이유(1:18~23)

하나님은 정당한 이유 없이는 결코 심판하지 않으신다. 그분이 이교 세계를 심판하시는 세 가지 근거가 있다.

a. 하나님의 진리를 막음(1:18)

1:18 이 구절은 이 단락 전체의 핵심 문장이다. 아울러 이 구절은 17절과 대조를 이루는 평행 구절이다. '하나님의 진노가 나타남'(동사 '나타나

다'는 현재 시제이다)은 그분의 인격적인 의의 표출이며, 인간의 죄악에 대한 대립이다. 그러므로 사람들에게는 '하나님의 의'(17절)가 끊임없이 나타나는 것이 필요하다. 하나님의 진노는 불의로 진리를 막는 사람들의 모든 경건하지 않음(아세베이안[ἀσέβειαν]: 하나님에 대한 경외심의 결핍)과 불의(아디키안[ἀδικίαν])에 대하여 나타난다(하나님의 진노는 미래에도 계속 나타날 것이다. 참조, 2:5). 하나님은 죄를 미워하시고 심판하시지만, 죄인들을 사랑하고 구원하기 원하신다. 인간이 하나님께 응당 드려야 할 것을 드리지 못하면, 하나님도 그분의 형상대로 만든 사람들을 올바르게 대하실 수 없게 된다. 역으로 말하면, 다른 사람에게 불의한 인간은 계속해서 하나님과 인간에 관한 진리를 막는다(카테콘튼[κατεχόντων]: 문자적으로 '제지하다.' 참조, 1:25; 2:8). 인간은 하나님의 진리를 가졌지만, 그것을 마음에 두지 않고 드러내지 않고 막았다. 악한 그들은 불의로 (엔 아디키아[ἐν ἀδικίᾳ]) 진리를 막았다. 이렇게 진리를 막은 것이 이교 세계에 대한 하나님의 심판의 첫 번째 이유이다.

b. 하나님의 계시를 알지 못함(1:19~20)

여기에서는 하나님을 알 만한 것이 모든 사람에게 있다는 것을 말한다. 하나님에 대한 이 지식은 피조 세계에 나타나 있고, 누구나 접할 수 있으며, 그리스도에 의한 구원을 다루는 구원론적인 것이 아니기 때문에 자연계시라고 불린다.

1:19 바울은 이 지식을 알 만한 것(파네론[φανερόν])이라고 말하는데, 그것은 볼 수 있는 것 혹은 분명한 것을 의미한다. 하나님이 그 지식을 알 만

하게 만드셨기(에파네로센[ἐφανέρωσεν]: 이 동사는 명사 파네론[φανερόν]과 관계가 있다) 때문이다. 일부 학자들은 저희에게라는 단어를 '저희 속에'로 번역하여 이 구절이 하나님의 지식이 양심과 종교 의식을 통해 사람 안에 존재함을 말한다고 주장한다. 그러나 19절은 자연계시의 실재를, 20절은 그 과정을 언급한다는 해석이 더 적절하다. '왜냐하면'(For)이라는 단어가 20절을 이끌며 두 구절을 연결시킨다는 점이 이 해석을 지지해 준다.

1:20 '하나님을 알 만한 것'(19절)이 이 구절에서는 그의 보이지 아니하는 것들이라고 표현되면서 그의 영원하신 능력과 신성과 동일시된다. '하나님은 영이시기' 때문에(요 4:24), 그분의 모든 속성을 육신의 눈으로는 알 수 없다. 그가 만드신 만물, 즉 하나님의 창조 세계를 통해 드러나야 인간이 알 수가 있다. 그러나 스스로 존재하시는 하나님은 만물의 창조자이시기에 창세로부터 '그의 보이지 아니하는 것들'을 분명히 보이셨다. 바울은 같은 어근의 헬라어 명사 '보이지 아니하는 것들'(아오라타[ἄορατα])과 동사 '분명히 보여'(카쏘라타이[καθορᾶται]) 사이의 언어유희를 의도했는지도 모른다. 동사 '분명히 보여'와 분사 '알려졌나니'는 둘 다 현재 시제로, 연속되는 행위의 특성을 강조한다. '신성'으로 번역된 아이디오스(αἴδιος)는 신약성경 가운데 여기에만 사용되었는데, 하나님을 하나님 되게 하는 고유성을 말한다. 인간이 볼 수 있는 창조 세계는 하나님의 보이지 않는 특성, 즉 모든 능력과 신성을 드러낸다. 이 구절과 평행을 이루는 구약성경의 구절은 시편 19편 1~6절이다.

자연계시에 대한 바울의 결론 – "그들이 핑계하지 못할지니라" – 은 매우 중요하다. 자연에 나타난 하나님에 대한 증거는 너무나 분명하고 항구적이어서 그것을 몰랐다고 변명할 여지가 없다. 그들에 대한 심판은 그들이 듣지도 못한 그리스도를 배척했기 때문이 아니라 그들이 가진 빛을 거역한 죄 때문이다.

c. 하나님의 영광을 오용함(1:21~23)

1:21 이교 세계에 대한 하나님의 심판의 두 번째 이유가 첫 번째 이유에 기초하듯이, 세 번째 이유도 두 번째 이유에 기초한다. 이러한 관계는 '왜냐하면'이라는 뜻의 접속사(디오티[διότι])로 잘 드러난다. 이 접속사는 19절과 20절의 서두에도 동일하게 사용되었다. 사람들이 진리를 막는 것은 전능하신 창조주 하나님에 대한 명백한 증거를 거부하고 그 지식을 우상으로 바꾸는 것으로 드러난다.

하나님을 알되라는 표현은 아담과 하와가 타락 전이나 후에 동일하게 가졌던 것과 같은 하나님에 대한 체험적인 지식을 말한다. 하나님에 대한 이 지식이 오용되기까지 얼마나 많은 시간이 흘렀는지는 말하지 않지만, 사람들은 하나님을 알고 있었다. 이 사실은 인간의 행위에 대한 더 큰 비난을 불러일으킨다. 혹자는 하나님을 안다는 것이 그분을 경외한 것이라고 주장할지 모르나, 그들은 **하나님을 영화롭게도 아니하며 감사하지도 아니하였다.** 그들은 하나님이 그들을 만드신 목적을 거부했다. 그 목적은 인간이 하나님의 성품으로 인해 그분을 영화롭게 하고 그분의 행위로 인해 그분께 감사하는 것이다. 하나님에 대한 이런 의지적인 반역 때문에 그들의 **생각이 허망하여지며**(에마타이오쎄산[ἐματαιώθησαν]: 문자적으로 '무가치해지다, 목적 없는 존재가 되다.' 참조, 엡 4:17) **미련한**(아수네토스[ἀσύνετος]: 도덕적으로 무감각한. 참조, 롬 1:31) **마음이 어두워진**(참조, 엡 4:18) 것은 이상한 일이 아니다. 진리가 배척당하면 진리를 인식하고 받아들이는 능력도 훼손된다(참조, 요 3:19~20).

1:22~23 지혜의 근원(참조, 시 111:10)이 배척당할 때, 인간이 스스로 지혜 있다 하는 것은 어리석은 자랑이 된다. 점차적으로 그들은 어리석게 되고(에모란쎄산[ἐμωράνθησαν]: 문자적으로 '우둔해지다'), 사람과 짐승 형상의 우상을 숭배하게 되었다(참조, 롬 1:25). 참하나님께 영광 돌리기를 거절한 데서 나타난 궁극적인 아이러니는 이사야 44장 9~20절에 묘사된 우상 숭배의 광기 혹은 어리석음이다. 사람들은 하나님을 알고 영화롭게 하기를 거절함으로써 타락의 길, 즉 허무한 생각, 도덕적 무감각, 그리고 (우상 숭배에 나타난) 종교적인 어리석음을 자초했다.

2. 심판의 결과(1:24~32)

실제적인 의미에서 보면, 반역하는 인간에 대한 하나님의 심판은 진리를 막고, 계시를 무시하고, 하나님의 영광을 왜곡시킨 데 대한 당연한 결과이다. 하나님은 그들을 내버려 두셨다. 하나님은 그들을 진노와 사형에 해당하는(32절) 타락한 생활 가운데 버려두셨다(세 번 반복해서 언급된 '그들을 내버려 두셨다'[24, 26, 28절]는 파레도켄[παρέδωκεν : 버렸다]이다).

a. 우상 숭배를 내버려 두심(1:24~25)

1:24 타락(하나님은 사람들이 그 길로 가게 내버려 두셨다)의 한 가지 모

습은 **성적 방종**이었다. 오늘날의 빈번한 동거, 이혼, 섹스 파티도 하나님이 내버려 두셨기 때문에 생긴 결과이다. 결혼 관계 안에서 성은 하나님이 주신 거룩한 선물이지만, 그렇지 않은 성은 더러운 행위이고(문자적으로 '불결함'), 하나님의 뜻을 거슬러 그들의 몸을 서로 욕되게 하는 것이다.

1:25 어떤 의미에서 보면 이 구절은 23절의 진리를 되풀이하는 것 같지만, 더 많은 것을 나타내고 있다. **하나님의 진리**는 하나님에 관한 진리뿐 아니라 인간을 포함한 모든 것에 대한 하나님의 진리를 말한다. 이 진리는 사람이 하나님의 피조물이며 **조물주** 하나님을 경배하고 섬기는 데에서만 참된 성취를 발견할 수 있음을 말한다. 한편 **거짓 것**(문자적으로 '거짓말쟁이')은 피조물 – 천사(사 14:13~14; 요 8:44) 혹은 인간(창 3:4~5) – 이 하나님 없이 존재할 수 있고, 자족하고, 스스로 길을 정하며, 스스로 충분하다고 말한다. 인간은 참하나님의 자리에 스스로를 신으로 세웠다. 조물주 하나님은 피조물이 **영원히 찬송할** 분이시기 때문에(경배받을 수 없는 피조물과 대조적으로), 바울은 **아멘**을 덧붙였다. 이 말은 '그렇게 될 것이다'라는 뜻의 히브리어를 헬라어와 영어로 번역한 것이다. 아멘은 방금 말한 것을 바라는 정도가 아니라 확신하고 인정하는 말이다(참조, 고후 1:20의 주해).

b. 성적 타락을 내버려 두심(1:26~27)

1:26~27 또한 하나님은 그들을 **부끄러운 욕심**(문자적으로 '치욕스러운 정욕')에 내버려 두셨다. 여기에는 본문에서 나타나는 바와 같이, 이성애가 아닌 동성애도 포함된다. 여자들도 순리적인 관계(남자와의 결혼)를 고

의적으로 역리적인 관계(다른 여자들과의 관계)로 바꾸었다. 이것이 바로 중생하지 못한 자가 행하는 두 번째 '바꿈'이다(참조, 25절). 남자들도 … 음욕(오렉세이[ὀρέξει]: 성욕. 신약성경 중에 오직 여기에만 사용되며, 26절에 사용된 '욕심'과 같은 일반적인 의미는 아니다)이 불 일 듯했다.

이 구절들에서 여자들과 남자들로 번역된 단어는 '여성들'(females)과 '남성들'(males)을 의미하는 성(性)적인 단어이다. 현대의 동성연애자들은 이성애 성향을 가진 남성이나 여성이 동성애 행위를 하는 것은 잘못된 것이지만 동성애 성향을 가진 남성이나 여성이 동성애 행위를 하는 것은 잘못이 아니라는 것이 이 구절이 의미하는 바라고 주장한다. 왜냐하면 동성애가 선천적으로 타고난 성향이기 때문이라는 것이다. 그러나 이것은 성경에 바탕을 두지 않은 왜곡된 해석이다. 성경이 말하는 유일한 순리적인 성관계는 남녀 간의 결혼 관계 안에서 행해지는 성관계이다(창 2:21~24; 마 19:4~6). 모든 동성애자는 성적 타락에 빠져 있으며 하나님의 심판 아래 있다. 이런 왜곡된 음욕에 따른 부끄러운 일은 그들 안에 심판의 씨를 낳는다('상당한 보응').

c. 타락한 삶에 내버려 두심(1:28~32)

1:28 이교도들의 배역에는 또한 하나님에 대한 지식(에피그노세이[ἐπιγνώσει]: 완전한 지식. 참조, 32절)에 대한 배척도 포함된다. 어떤 의미에서 그들은 하나님을 자기 마음에서 밀어냈다. 이에 대한 심판으로 하나님은 그들을 그 상실한(아도키몬[ἀδόκιμον]: 인정받지 못한) 마음대로 내버려 두셨는데(참조, 24, 26절), 그들의 이런 마음은 합당하지 못한 일(문자적으로 '부적합한 일,' 혹은 '부적당한 일.' 스토아 철학의 기술적인

용어)로 드러났다.

1:29~31 하나님을 상실한 마음의 공백은 네 가지 형태의 적극적인 죄로 채워졌다(완료 시제). 그 네 가지 죄는 불의(아디키아[ἀδικία]. 참조, 18절), 추악(포네리아[πονηρία]), 탐욕(플레오네키아[πλεονεξία]), 악의(카키아[κακία]: '나쁨' 혹은 '적의')이다. 이 네 가지 죄는 좀더 세분화되어 17가지의 악의 형태로 나타난다. 처음 두 가지 악인 시기와 살인은 헬라어로 발음이 비슷한 단어이다. 프쏘누(φθόνου)와 포누(φόνου). 그리고 31절에 나오는 네 가지 악은 모두 헬라어 알파(α)로 시작된다.

1:32 이런 모든 형태의 악은 하나님 앞에서 공개적으로 반항하며 이 같은 일을 계속 행하는(반복적이고 습관적인 행위를 나타내는 현재 시제) 사람의 생활 방식이 되었다. 그들의 반항은 (1) 이 같은 일을 행하는 자는 사형에 해당한다는 것을 아는 것(에피그논테스[ἐπιγνόντες]. 참조, 28절)에 의해, 그리고 (2) 그와 같은 생활 방식으로 사는 사람들을 옳다고 하는 것으로 더 악화된다. 하나님에 대한 이런 극단적인 반항은 전적으로 심판의 근거가 된다.

B. 하나님의 기준에 따른 심판(2:1~16)

1. 진실(2:1~4)

2:1 율법에 어긋난 이교도들의 행위를 고발하는 내용들(1:18~32)은 언제나 있었다. 어떤 이교도들은 높은 윤리 기준과 도덕적인 삶을 유지하면서 당시 만연해 있던 도덕적 타락을 비난했다. 또한 유대인들도 주위의 이교도들과 도덕적으로 확연한 대조를 보이면서 이방인들을 거리낌 없이 비판했다. 이 두 그룹의 도덕주의자들은 자기들이 좀 더 높은 기준을 가졌기 때문에 하나님의 심판이 자기들에게 미치지 않으리라고 생각했다. 그러나 바울은 그들도 역시 남을 판단하는 같은 일을 행하고 있기 때문에 심판을 면하지 못할 것이라고 주장했다.

바울은 "그러므로 남을 판단하는 것으로 네가 너를 정죄함이니"라고 선언한다. 사람들은 빈도와 한계와 정도의 차이만 있을 뿐 모두 한결같이 하나님에게서 돌이켜 죄를 지었다. 모든 사람, 특히 도덕적인 이교도와 유대인들도 하나님의 심판 아래 있다(핑계하지 못한다. 참조, 1:20). 그 이유는 하나님의 심판이 세 가지 신적인 기준, 즉 진리(2:2~4), 공정함(5~11절), 그리고 예수 그리스도 자신(12~16절)에 근거하기 때문이다. 이 기준은 모든 사람을 심판하는 절대적이고 무한한 기준이다.

2:2~3 첫 번째 하나님의 심판 기준은 진리이다. 예수님은 자신을 '진리'(요 14:6)라고 하셨고, 성경은 하나님이 '영'(요 4:24), '빛'(요일 1:5), '사랑'

(요일 4:8, 16)이라고 말한다. 그렇지만 하나님을 '진리'와 동일시하는 말씀은 성경 어디에도 없다. '진리의 하나님'(시 31:5; 사 65:15)이라는 표현은 등장한다. 절대적이고 무한한 진리는 분명히 하나님의 고유한 속성 중 하나이다. 결과적으로 하나님의 심판은 **진리대로**(문자적으로 '~에 따라') 이루어진다. 모든 사람에게 임할 이 심판은 누구도 피할 수 없다. 누구도 '핑계할' 수 없고(롬 2:1) '벗어날' 수 없다. 어떤 사람이 도덕적일 수 있고 자기 시대를 타락한 시대라고 판단할 수도 있지만, 그도 역시 같은 일을 행하기 때문에(참조, 1절) 하나님의 심판을 받는다.

2:4 하나님은 악한 인간에게 즉시 가혹한 형벌을 내리시지 않고 **인자하심**(크레스토테토스[χρηστότητος]: 행위에 있어서의 자비로움. 11장 22절, 에베소서 2장 7절, 디도서 3장 4절에서 하나님을 묘사할 때 사용됨)과 용납하심과 길이 참으심의 풍성함을 드러내신다(참조, 행 14:16; 17:30; 롬 3:25). 하나님의 의도는 **인자하심**을 통해 사람들을 회개(하나님께 돌아옴)로 이끄는 것이다. 하반절의 '인자하심'이란 단어는 **크레스토스**(χρηστός)로서, 상반절에 사용된 **크레스토테토스**(χρηστότητος)와 동의어이다. 두 단어 모두 '빈궁한 자에게 합당한 혹은 적합한 것'을 의미한다. 누가복음 6장 35절과 베드로전서 2장 3절에서는 **크레스토스**가 하나님께 사용되었고, 에베소서 4장 32절에서는 사람에게 사용되었다. 사람들은 하나님의 의도를 **알지 못하여**(문자적으로 '무지하여') 하나님의 속성과 행위를 **멸시했다**(카타프로네이스[καταφρονεῖς]: 무시하다. 참조, '진리를 막다'[롬 1:18]). 사람들은 자연계시를 통해 하나님의 존재를 알 수 있었으나(1:19~21, 28), 그의 인자하심의 의도는 알지 못했다.

2. 공정함(2:5~11)

2:5~6 왜 사람들은 하나님의 인자하심의 의도를 알지 못하는가? 그리고 왜 그들은 인자하심을 멸시하는가? 그것은 그들의 **고집**(스클레로테타[σκληρότητα]: 문자적으로 '완고함.' 영어로는 'sclerosis'[경화])과 회개하지 아니한 마음 때문이다. 그래서 인간의 죄에 대한 하나님의 진노가 그분의 의로우신 심판이 나타나는 그날까지 거대한 저수지와 같이 쌓이고 있다. 그날에 하나님이 각 사람에게 그 행한 대로 보응하실 것이다(시 62:12과 잠 24:12의 인용). 하나님의 심판은 진리에 기준을 두고(롬 2:2) 공정하게 실행될 것이다(11절).

2:7~11 하나님은 참고 선을 행하여 영광과 존귀와 썩지 아니함을 구하는(현재 시제, '계속 구하는') 자에게는 영생을 주실 것이다. 그러나 당을 지어 진리를 따르지 아니하고(문자적으로 '계속 불순종하는') 불의(아디키아[ἀδικία]: 의롭지 못한. 참조, 1:18)를 따르는 자에게는 진노와 분노를 내리실 것이다. 악을 행하는(계속해서 악을 낳는) 각 사람은 환난과 곤고를 받지만, 선을 행하는(계속해서 선한 일을 하는) 각 사람은 **영광과 존귀와 평강**을 누릴 것이다. 하나님의 공정한 보응은 민족이나 다른 어떤 조건과는 관계없고, 오직 각 사람의 행위에 근거해 주어질 것이다.

어떤 사람의 습관적인 행위는(그것이 선하건 악하건 간에) 그 사람의 마음 상태를 드러낸다. 영생은 선한 행실에 대한 보상이 아니다. 만약 그렇다면 구원이 행위에 의한 것이 아니라 전적으로 믿는 자들에게 주시는 하나님의 은혜임을 분명히 밝히는 많은 성경 구절과 모순된다(예를 들어, 롬 6:23; 10:9~10; 11:6; 엡 2:8~9; 딛 3:5). 어떤 사람의 선한 행실은 그가 거듭났음을 증명하는 것이다. 이런 사람, 즉 하나님께 구속받은 사람이 영생을 소유한다. 그러나 계속해서 악을 행하고 진리를 거스르는 자는 거듭나지 못한 자이다. 그러므로 그는 하나님의 진노 아래 있다.

"먼저는 유대인에게요 그리고 헬라인에게라"는 말은 유대인에게 특별한 가치를 둔다는 뜻이 아니라, 하나님의 공정함에 따라(**하나님은 외모로 사람을 취하지 않으신다**) 모든 인간이 하나님의 지배 아래에 있음을 강조하는 말이다.

"하나님의 … 심판이 나타나는 그날"(롬 2:5)이라는 말씀은 모든 인간에 대한 심판이 단번에 대대적으로 이루어질 것을 의미하는 것처럼 보인다. 그러나 성경은 이런 개념을 찬성하지 않는다. 이 말씀은 여러 다른 그룹에 대한 심판들이 각기 다른 시간에 행해질 것을 분명히 지적하는 구절들과 관련해서 해석되어야만 한다(참조, 예수님의 재림 시 이루어질 이스라엘의 심판[겔 20:32~38], 예수님의 재림 시 이루어질 이방인의 심판[마 25:31~46], 흰 보좌의 심판[계 20:11~15]). 이 말씀의 초점은 심판의 때와 대상에 대한 상술이 아니라, 하나님이 모든 사람을 심판하신다는 사실이다.

3. 예수 그리스도(2:12~16)

2:12 심판에 있이시 하나님의 공정함은 사람들이 살았던 시대를 고려해서 심판을 행하신다는 사실에서도 나타난다. "율법은 모세로 말미암아 주어진 것이요"(요 1:17)는 율법 시대의 시작을 나타낸다. 율법은 하나님이 택하신 백성 이스라엘에게 주어졌고, 이방인은 율법 밖에 있다고 간주되었다. 그러므로 바울은 이렇게 선언했다. "**율법 없이**(문자적으로 '율

법을 갖지 않고') 범죄한 자는 또한 율법 없이 망할 것이다." 죄를 지은 이방인은 망하겠지만 율법이 그들의 심판 기준이 되지는 않을 것이다. 그러나 율법이 있고(문자적으로 '율법의 영역 안에서') 범죄한 유대인은 율법으로 말미암아 심판을 받을 것이다. 이방인은 하나님의 심판에 대해 변명할 수는 없지만, 그들이 받지 않은 기준(모세의 율법)에 따라 심판받지는 않을 것이다.

2:13 율법 낭독이 회당 예배의 정규적인 순서였기 때문에 유대인들은 율법을 듣는 자들이었다. 그러나 유대인에게 속했고 율법을 듣는다고 의인이 되는 것은 아니었다. 율법을 행하는 자(문자적으로 '율법에 순종하는 자')라야 의롭다 하심을 얻을 것이다(1:17의 주해를 보라). 야고보도 같은 지적을 했다(약 1:22~25). 또다시 강조하는데(참조, 롬 2:7~10의 주해), 하나님은 선한 행위를 하는 사람이 아니라 하나님을 믿는(신뢰하는) 자들에게 영생을 주시고 의롭다 하신다. 선한 행위는 그들의 거듭난 마음을 드러낼 뿐이다.

2:14~15 유대인들은 이방인들이 모세 율법에 계시된 하나님의 뜻을 모른다는 이유로 이방인들을 얕잡아 봤다. 그러나 바울이 지적한 대로 본성으로 율법의 일을 행하는 도덕적인 이방인들이 있다. 이런 사람들은 율법이 모세가 기록한 율법서나 돌 판에만 쓰인 것이 아님을 보여 준다. 율법은 그들의 마음속에도 새겨져 있고 그들의 행위와 양심과 생각에서도 드러난다. 이스라엘에게 주어진 율법은 모든 사람을 향한 하나님의 윤리적, 영적 요구들을 상세하게 기록한 것이다. 도덕적인 이방인들은 행위로써 그들의 마음에 새긴 율법의 행위를 나타낸다. 이것은 행위를 평가하는

인간의 능력인 **양심**에 의해, 그리고 그들의 죄를 고발하기도 하고 변명하기도 하는 그들의 **생각**에 따라 이루어진다. 그래서 바울은 이런 이방인을 자기가 자기에게 율법이 되는 사람이라고 부른 것이다.

양심은 인간 본성의 중요한 부분이긴 하지만 무엇이 옳은가를 판단하는 데 있어서 절대적으로 신뢰할 만한 지표는 아니다. 사람의 양심은 '선하고'(행 23:1; 딤전 1:5, 19) '깨끗할'(행 24:16; 딤전 3:9; 딤후 1:3; 히 13:18) 수 있지만, '악하고'(히 10:22) '더럽고'(딛 1:5) '약하고'(고전 8:7, 10, 12) '화인을 맞을'(딤전 4:2) 수도 있다. 모든 사람은 '그리스도의 피'가 '그들의 양심을 깨끗하게'(히 9:14) 하도록 주 예수 그리스도를 믿어야 한다.

2:16 이 구절의 헬라어 본문은 '그날에'라는 어구로 시작된다. '이른 바와 같이'라는 말은 헬라어 본문에는 나오지 않지만, 이 구절을 앞 단락(5~13절)의 핵심 개념인 하나님의 의로운 심판(5절)과 연결시키기 위해 사용되었다. 실제로 14~15절은 부가적인 설명이다. 이것은 13절과 이방인에 대한 유대인의 편견 때문에 바울이 덧붙인 설명이다. 하나님의 심판의 확실성은 '하나님이 … **심판하시는**'(문자적으로 '하나님이 심판하신다')이라는 말로 강조된다. 하나님의 심판을 대행하는 분은 **예수 그리스도시**다(참조, 요 5:22, 27; 행 17:31). 이 심판은 사람들의 **은밀한 것**(문자적으로 '사람들의 감추어진 것들')을 다루고 드러낼 것이며, 하나님의 심판이 옳음을 증명할 것이다(참조, 고전 4:5). 바울의 복음이 하나님의 심판의 기준을 말하는 것은 아니다. 이 구절은 하나님의 의로운 심판이 바울이 전한 복음의 필수적인 요소일 뿐 아니라 예수님이 완성하신 구원을 의지해야 할 이유임을 말해 준다.

이 단락(2:1~16)에서 하나님은 인간의 도덕적인 통치를 주관하시는 온 우주의 창조자요 주권자로 나타난다. 하나님의 절대적인 기준들은 사람들에게 알려졌다. 하나님은 그들의 마음이 어떠한가를 드러내는 그들의 행위에 따라 공정하게 판단하셔서 악인을 벌하고 의인에게는 상을 주실 것이다. 예수 그리스도를 제외한 모든 사람은 자신의 의로는 하나님께 의롭다 하심을 얻지 못하기 때문에 하나님의 심판 아래 있다. 이제까지의 바울의 논증에는 인간이 하나님 앞에서 의로운 자리에 확고하게 설 수 있는 방법이 아직 제시되지 않았다. 이 단락에서 강조된 점은 하나님의 심판이 공정하다는 사실이며, 이것은 어느 누구도 자력으로는 하나님께 의롭다 함을 얻을 수 없다는 결론을 이끈다.

C. 불신실한 유대인에 대한 심판(2:17~3:8)

1. 외식 때문에(2:17~24)

2:17~20 바울이 "남을 판단하는 사람아"(1절)라고 지칭한 사람들 가운데는 도덕적인 이방인뿐 아니라 유대인도 포함되었다. 앞에서는 이 구절에서 "유대인이라 불리는 네가"(문자적으로 "네가 유대인이라 불린다면")라고 부른 것처럼 구체적으로 언급하지 않았다. 사실 이 구절은 헬라어 가정문이다. 바울은 실제로 유대인이라 불리면서 그 이름을 자랑스럽게 여기는 자들에게 편지를 쓰고 있다. 이 사실은 그들이 이방인에 대한 우월감을 느끼며 자랑스럽게 여기는 여덟 가지 도덕, 종교적 요소의 목록에서 확인된다. 그 요소들은 'if'로 시작하는 연속된 문장에 상세하게 언

급되어 있다(17~21절상).

　이 목록에 나오는 동사들은 모두 현재 시제이거나 습관적인 행위를 나타내는 동사이다. (1) 유대인은 **율법을 의지한다**. 그들은 하나님이 율법을 자기들에게 주셨다는 사실을 확신한다. (2) 유대인들은 **하나님을 자랑한다**. 이 말은 그들이 하나님과의 계약적인 관계를 자랑스럽게 생각한다는 뜻이다. 이 두 가지 사실의 결과로 유대인은 (3) **하나님의 뜻을 알고**(그들은 하나님의 바람과 계획을 알았다) (4) **지극히 선한 것**(디아페론타[διαφέροντα]: 뛰어난 결과를 가져오는 구별된 것. 이 단어는 빌립보서 1장 10절에서도 '지극히 선한 것'으로 번역되었다)**을 분간한다**(도키마제이스[δοκιμάζεις]: 시험을 해서 통과된 것을 승인한다). 그들은 영적으로 우월한 기준에 관심을 두었다. 유대인들이 이런 능력을 가진 것은 (5) **율법의 교훈을 받았기**(문자적으로 '교훈을 받고 있다') 때문이다. 유년기에 받았던 교리문답 수업과 회당에서의 정규적인 율법 낭독은 그들에게 율법의 교훈들을 계속 제공했다.

　다음에 나오는 동사(롬 2:19)가 17절에서 시작된 가정문을 이어받고 있지만, 생각의 변화를 나타내기도 한다. 이 동사는 '추구하다'라는 뜻을 가진 동사의 완료 시제인데, 완료 시제에서는 '믿다'라는 뜻을 갖는다. (6) 많은 유대인은 이방인들과의 관계에서 자신들을 어떤 특별한 존재로 믿었는데, 이에 대해 바울은 다음 네 가지를 언급했다. 맹인의 길을 인도하는 자, 어둠에 있는 자의 빛, 어리석은 자의 교사(파이듀텐[παιδευτήν]: 훈육하는 자, 지도자), 어린아이의 선생. (7) 유대인이 이렇게 믿은 것은 자기들이 율법에 있는 **지식과 진리의**(헬라어에서는 두 명사 사이에 정관사를 넣는다. '그 지식과 그 진리') **모본**(모르포신[μόρφωσιν]: 윤곽, 외형. 이 단어는 신약성경의 여러 곳에서 사용되지만, 디모데후서에서는 3장 5절에서만 사용됨)을 가졌기 때문이다.

2:21~24 이 도덕적, 종교적 특징들을 열거했을 때 바울은 틀림없이 유대인 독자들로부터 긍정적인 반응을 계속해서 접했을 것이다. 유대인들은 이방인들과 대조되는 자기들의 특별한 영적 지위를 자랑스럽게 생각했다. 바울은 유대인의 그 모든 특징을 (8) "다른 사람을 가르치는 네가"라는 말로 요약했다. 그러고 나서 "네가 네 자신은 가르치지 아니하느냐?"라고 질문한다. 이 질문 다음에는 율법의 금지 조항들(도둑질, 간음, 우상)에 대한 물음이 뒤따라 나오는데, 유대인은(2장 17~27절에 나오는 2인칭 '너'는 복수가 아니고 단수이다) 이 조항들을 남에게는 가르치고 자기는 행치 않는 죄를 지었다. 바울은 이런 유대인의 외식을 지적했다. "율법을 자랑하는(참조, 17절) 네가 율법을 범함으로 하나님을 욕되게 하느냐?" 유대인은 바울의 질문에 대해 자기의 죄와 외식을 정직하게 인정해야 했다. 바울은 자신의 권위로 유대인의 외식을 책망하지 않았다. 그는 그들이 가진 성경을 인용해서(사 52:5절하, 70인역) 그들을 책망했다. 그들의 외식은 하나님을 욕되게 했다. 이방인들은 다음과 같은 의문을 가졌을 것이다. "하나님이 택하신 백성도 하나님을 따르지 않는데, 왜 우리가 하나님을 높여야 하지?"

2. 의식을 의지하는 것 때문에(2:25~29)

유대인들은 앞에서 살펴본 바와 같이(17~24절) 모세의 율법을 의지했을 뿐 아니라, 하나님과 자신들의 특별한 계약 관계의 징표로서 할례를 의지했다. 그러나 바울은 의식 자체를 의지하는 것은 의미가 없고, 오히려 그것이 하나님의 심판의 근거가 된다고 주장했다.

2:25~27 헬라어 성경의 25절 후반부는 흥미롭다. "네가 율법을 범한 자라면, 너의 할례는 포피(包皮)가 되었다." 다시 말하면, 율법을 위반한 유대인은 율법을 위반한 이방인과 꼭 같다. 유대인의 할례 의식은 중요치 않다.

그 역도 또한 사실이다. 무할례자(문자적으로 '포피': 유대인이 이방인을 가리킬 때 쓰던 속어)가 율법의 규례를 지키면(퓔라쎄[φυλάσση]: 유지하다, 지키다, 준수하다. 참조, 딤전 5:21. 분명히 일부 이방인들은 그렇게 했다) 그 무할례를 할례와 같이 여길 것이 아니냐? 바울은 율법을 지키는(성취하는) 이방인이 율법 조문과 할례를 가지고도 율법을 범하는 유대인을 판단한다고 결론지었다. 비록 율법을 알지 못해도(롬 2:14) 율법이 요구하는 것을 지키는 이방인은 하나님 보시기에 할례 받은 유대인과 같다. 이런 사상은 자신들을 이방인들보다 월등하다고 생각하는 유대인들에게 가히 혁명적이었다(참조, 17~21절).

2:28~29 이 구절들은 17절에서 시작된 단락을 결론짓는다. 진짜 유대인이 되는 것은 **표면적인** 것들(신앙이 독실한 체하는 것, 십일조를 드리는 것, 할례를 받는 것 등)과는 관계가 없다. 진짜 할례는 육체적인 의식 자체가 아니다. 진짜 유대인은 **이면적 유대인**이며 진짜 **할례**는 마음의 할례로, 그것은 영에 있는 것이다. NIV 성경은 '영 안에'(in spirit)라는 뜻의 헬라어를 'by Spirit'(성령으로)으로 번역했다. 그러나 이 구절이 뜻하는 바는 마음의 할례가 단순히 율법의 외적인 형식을 따르는 것이 아니라 하나님의 율법의 '정신'을 성취하는 것이라는 사실이다. 일부 유대인들은 표

면적으로 율법의 규례를 따랐으나 그들의 마음은 하나님과의 관계에서 옳지 않았다(사 29:13). 할례 받은 마음은 세상으로부터 '구별되고' 하나님께 헌신된 마음이다. 참유대인이 받는 칭찬은 사람에게서가 아니라(바리새인들이 그랬듯이) 그들의 내면과(참조, 마 6:4, 6) 마음을(참조, 히 4:12) 밝히 보시는 하나님에게서 오는 것이다.

3. 불신앙 때문에(3:1~8)

3:1~2 로마서 문체의 두드러진 특징은 바울이 독자들의 마음에 논란을 불러일으킨 문제에 관해 묻고 대답하는 것이다. 앞 단락(2:17~29)의 주장에 대해 자연스럽게 제기되는 질문은 "그런즉 유대인의 나음(페리쏜 [περισσόν]: 초과)이 무엇이냐?"이다. 이것을 달리 물으면, "할례의 유익 (오펠레이아[ὠφέλεια]: 이익)이 무엇이냐?"가 된다. 첫 번째 질문은 2장 17~24절 말씀과 관계있고, 두 번째 질문은 2장 25~29절 말씀과 관계있다. 바울의 대답은 즉각적이고 직접적이다. "범사에 많으니라!" 그는 유대인 됨이나 할례 받음이 무익하다고 말하지 않는다.

바울은 '우선은'이라는 표현을 사용함으로써 여러 가지 요소를 나열해 나가려는 듯한 인상을 준다. 그러나 실제로는 한 가지만 언급했을 뿐이다. 그는 여러 곳에서 이런 식의 표현을 사용했다(1:8; 고전 11:18). 이런 경우에 그가 말한 요소는 가장 중요한 것임은 물론이고, 어떤 의미에서는 다른 요소들까지 포함하고 있는 것이다. 유대인은 하나님의 말씀(로기아[λόγια]: 로고스[λόγος]의 복수. '말' 혹은 '진술')을 맡은(헬라어 과거 시제는 "맡겨졌다"로 번역될 수 있다) 자들이다. '말씀'은 구약성경을 가리키는 것일 수 있으나 여기서는 하나님의 약속과 명령만을 의미한다. 유대인들은 그렇게 특권적인 위치에 있으면서도 하나님의 기준에 따라 살지 못했다.

3:3~4 유대인의 유익 가운데 가장 큰 것이 '하나님의 말씀을 맡은 것'인데, 이것은 또 다른 질문을 일으킨다. "어떤 자들이 믿지 아니하였으면 어찌하리요?" '믿지 않았다'라는 동사는 '불신실하다'라는 의미이기도 하다. 이 의미로 번역하는 것이 더 적절한 이유는 이 동사가 2절에서는 '맡았다'라고 번역되었기 때문이다. 일부 유대인들이 하나님의 약속을 믿지 않았고 불신실했던 것은 사실이다. "그 믿지 아니함(이 명사도 '불신실함'이라는 의미를 갖는데, 이 의미로 번역하는 것이 더 적절하다)이 하나님의 미쁘심을 폐하겠느냐." 그 가능성에 대해 바울은 단호하게 대답했다. "그럴 수 없느니라"(메 게노이토[μὴ γένοιτο]: 그렇게 둘 수 없다. 참조, 6, 31절; 6:1, 15; 7:7, 13; 11:1, 11). 일부 유대인들이 믿지 아니하고 불신실할지라도(2장 21~23절과 25절에 언급된 그들의 악한 행위로 증명됨), 하나님은 그분의 말씀을 따르는 신실한 자들을 남겨 두신다(참조, 신 7:9; 고전 1:9; 히 10:23; 11:11; 벧전 4:19). 이스라엘의 불신앙에도 불구하고 변함없이 신실하신 하나님에 대한 개념은 로마서 9~11장에서 좀 더 완전하게 발전된다.

바울은 계속해서 "사람은 다 거짓되되 오직 하나님은 참되시다 할지어다"라고 말했다. 이 말은 "모든 사람이 거짓말쟁이가 되었을지라도 하나님은 변함없이 참되시다 할지어다"라는 뜻이다. 이 개념은 시편 116편 11절에서 유래한다. 바울은 좀 더 자세한 근거를 위해 시편 51편 4절을 인용했다.

3:5~6 사도는 몇 가지 부가적인 질문들로 자기의 주장을 이끌어 나간다. 첫 번째 질문은 이것이다. "우리 불의가 하나님의 의를 드러나게 하면 무슨 말 하리요? 진노를 내리시는 하나님이 불의하시냐?" 바울은 즉시 "결코 그렇지 아니하니라"(메 게노이토[μὴ γένοιτο], 4절과 동일한 대답. 참조, 31절)고 대답했다. 만일 그러하면(불신실한 유대인들을 심판하시는 하나님이 불의하시다면) 하나님이 어떻게 세상을 심판하실 수 있겠는가? 물론 그럴 수 없다. 하나님은 세상을 심판하실 것이기 때문에(참조, 2:5) 그분이 범죄한 유대인들에게 진노를 내리시는 것은 불의하지 않다.

3:7~8 두 번째 질문은 이것이다. "나의 거짓말로 하나님의 참되심이 더 풍성하여 그의 영광이 되었다면 어찌 내가 죄인처럼 심판을 받으리요?" 달리 말하면, 죄가 하나님께 유익이 되었다면, 어떻게 하나님이 그 죄로 인해 죄인들을 심판하실 수 있겠는가? 바울이 제시한 두 가지 질문은 구원받지 못한 자들의 대표적인 궤변이다. 바울이 이러한 질문을 제시한 것은 일부 대적들이 바울을 향해 사람들을 부추겨서 "그러면 선(문자적으로 '선한 일들')을 이루기 위하여 악(문자적으로 '악한 일들')을 행하자"라고 주장하게 했다고 비난했기 때문이다. 바울은 이 비난에는 대꾸하지 않았다. 단지 그런 사람들을 하나님께 맡기면서 "그들은 정죄받는 것(크리마[χρίμα]: 심판)이 마땅하니라"고 말했다. 그러나 후에 바울은 이와 유사한 질문에 대해 논의했다(6:1). 이 두 개의 질문에서와 같이(3:5, 7), 죄를 심판하시는 하나님이 불의하다고 주장하는 것은 하나님의 속성을 모독하는 것이다. 하나님의 심판을 의심하는 이런 자들은 자신을 정죄하는 자들이다!

D. 모든 인간에 대한 심판(3:9~20)

이 단락에서 바울은 앞에서 언급한 유대인들에 대한 기소 및 하나님의 의가 범죄한 인류를 심판하는 데서 분명하게 드러난다는 주장에 대해 결론지었다.

1. 모두 죄 아래 있다(3:9~18)

3:9 바울은 이렇게 질문한다. "그러면 어떠하냐? 우리는 나으냐?" 헬라어 동사 프로에코메싸(προεχόμεθα : 신약성경 중 여기에만 나옴)의 정확한 의미는 결정짓기 어렵다. 이것은 유대인 독자들이 바울에게 던진 질문을 "우리는 나으냐?"로 기록했다고 보는 것이 가장 적합하다. 앞부분의 내용과 바울의 대답("결코 아니하니라")이 이 해석을 지지한다. "결코 아니하니라"는 문자적으로 "어떻든지 아니하니라"이다. 이것은 3, 6, 31절과 다른 여러 곳에서 바울이 즐겨 사용한 메 게노이토(μὴ γένοιτο)가 아니다. 유대인들은 이방인들보다 유익이 많으나(2:17~20상; 3:1~2), 하나님이 그들을 특별하게 대우하신 것은 아니다.

바울은 유대인이 더 나은 위치에 있지 않음을 증명하려고 앞에서 유대인이나 헬라인이나 다 죄 아래에 있다고, 즉 모두가 죄의 권세와 주장 아래 있으며 심판 아래 있다고 고소했다(참조, 1:18; 2:5). 고소의 순서는 먼저 이방인들(1:18~2:16)이고 다음이 유대인들(2장)이다. 여기에서 순서가 바뀐 것은 바로 앞에서 유대인들에 관해 논의했기 때문이다.

3:10~12 바울은 모든 사람이 '죄 아래' 있다는 것을 증명하기 위해 10~18절에서 여섯 개의 구약성경 구절을 인용했다. 로마서 3장 10~12절은 시편 14편 1~3절의 인용인데, 모든 사람이 예외 없이 의롭지 못하며(참조, 롬 1:18, 29~31), 하나님을 알지 못하고(참조, 1:18하, 28) 찾지도(문자적으로 '~와 교제를 바라다') 않으며, 하나님에게서 돌아섰고(참조, 2:5; 사 53:5), 무익하게 되어(아크레이오[ἀχρειόω]: 쓸모없게 되다. 이 단어는 오직 이곳에만 나옴) 선을(크레스토테타[χρηστότητα]: 친절, 덕행. 참조, 고후 6:6; 갈 5:22; 롬 2:4의 주해) 행하지 않는 것을 지적한다. 성령께서 내주하지 않으시는 사람은 성령의 열매를 맺을 수 없다(갈 5:22). 다른 사람들에게 일반적이고 자연적인 친절을 베푼다고 해서 그 사람이 영적인 능력을 소유한 것은 아니다. 오히려 죄 때문에 모든 사람이 이기적이고 자기중심적으로 되었다.

모든 사람의 유죄를 증명하는 이 말씀은 3장 10절처럼 "하나도 없도다"로 끝난다. 이 반복 어구는 인간 중에 하나도 예외가 없음을 강조한다(물론 하나님의 아들은 제외).

바울이 시편 14편 2절 가운데 "여호와께서 하늘에서 인생을 굽어살피사"를 인용하지는 않았지만, 이 구절 다음에 하나님의 인간 고발이 나오기 때문에 이 구절은 중요하다.

3:13~18 여기에서는 여러 가지 수치스럽고 사악한 지체들을 묘사하는데, 특히 인간의 심판을 초래하는 각 지체를 그리고 있다. 이 부분은 시편 5편 9절(롬 3:13상), 시편 140편 3절(롬 3:13하), 시편 10편 7절(롬 3:14), 이사야 59장 7~8절(롬 3:15~17), 시편 36편 1절(롬 3:18)의 인용이다. 여기에서는 세 가지 행위가 언급되는데, 말하기(목구멍, 혀, 입술, 입.

13~14절), 행동(발. 15~17절), 보기(눈. 18절)이다. 그들의 언어는 부패했고(열린 무덤. 참조, 약 3:6), 부정직하며(속임. 참조, 약 3:9~10), 해를 입히며(독. 참조, 약 3:8), 모욕적이다(악독. 참조, 약 3:9~10). 죄를 말하는 것에서부터 살인하는 것(참조, 잠 1:11~12, 15~16)에 이르기까지, 그들은 수많은 죄를 저질렀다. 그 결과, 그들은 물론 다른 사람들도 육적으로나 영적으로 파멸되었으며 비참하게 되었고, 내적인 평강을 알지 못하게 되었다(참조, 사 57:21). 이 모든 것은 "그들의 눈앞에 하나님을 두려워함이 없느니라"는 바울의 말로 요약된다. 하나님을 경외하는 것(다시 말해, 하나님을 경배하고 의지하고 순종하며 예배하여 경의를 표하는 것)은 경건한 사람의 기본이다(참조, 욥 28:28; 잠 1:7; 9:10; 전 12:13). 유대인들은 하나님을 두려워하지 않았기 때문에 죄와 어리석음이 크다. 바울은 이 단락(3:10~18)에서 그가 말한 내용, 곧 유대인들은 구약의 말씀에 반하는 죄인이라는 것에 대해 유대인 독자들이 반론을 제기할 만한 근거를 남겨 두지 않았다.

2. 모두 죄를 깨닫는다(3:19~20)

3:19~20 바울은 율법의 목적과 기능에 관련해서 유대인들에 대한 언급을 마무리했다. 그는 "우리가 알거니와"라고 말하면서 자기를 유대인 독자들 가운데 포함시켰다. 그 원리는 분명하다. 율법이 말하는 바는 율법 아래에 있는 자들에게 말하는 것이다. 율법은 그들이 원하는 대로 순종할 수도, 무시할 수도 있는 부적이 아니다. 그들은 율법 '아래' 있으며, 하나님께 책임이 있었다(참조, 유대인과 이방인은 '죄 아래' 있음. 9절). 율법의 임무는 모든 입을 막고(문자적으로 '중지하다') 온 세상으로 하나님의

심판 아래에 있게(문자적으로 '알게') 하려는 것이다. 아무도 죄가 없다고 주장할 수 없다. 율법은 하나님의 기준을 제시하고 사람이 그 기준에 따라 행할 수 없음을 말한다.

결국 율법으로는 사람이 그의 앞에 의롭다 하심을 얻을 길이 없다(참조, 3:28). 그것은 율법의 목적이 아니다(행 13:39; 갈 2:16; 3:11). 오히려 율법을 통해 죄를 깨달으라고(문자적으로 '율법을 통해 완전한 지식에 이른다') 율법이 주어진 것이다(참조, 롬 5:20; 7:7~13). 모세 율법은 의롭다 하심을 얻는 수단이 아니라 심판의 수단이다.

III. 칭의에서 드러난 하나님의 의(3:21~5:21)

인류에 대한 하나님의 유죄 선고에는 예수 그리스도를 제외하고 어떤 사람도 하나님의 기준에 부합한 사람이 없었을 뿐 아니라 앞으로도 없을 것이라는 사실, 스스로는 하나님께 합당한 자가 될 수 없다는 사실과 아울러 하나님의 무한한 의(義)가 드러났다. 이제 로마서의 두 번째 큰 단락에서 바울은 칭의에 있어서 예수 그리스도를 통해 사람에게 '공급되는 하나님의 의'를 이야기한다. 칭의는 하나님이 믿는 자들에게 그리스도의 의를 부여하신 결과로 이어지는 합법적인 의의 선언이다. 이것은 하나님의 은혜로 주어지고 믿음을 통해 승인된다.

A. 공급된 의(3:21~31)

3:21 바울은 '이제는'이란 말로 앞에서 언급한 내용과 대조되는 내용 전개를 암시한다. 그는 바로 직전에 "율법의 행위로 그의(하나님의) 앞에 의롭다 하심을 얻을 육체가 없나니"(20절)라고 확언했다. 그리고 이제 "**율법 외에**(헬라어 구문상 이 어구는 강조 위치에 있다) **하나님의 한 의가 나타났으니**"(다시 말해, 똑똑히 보이게 되었다)라는 말씀이 이어진다. 근본적으로 이 말씀은 1장 17절의 반복이다. 그러나 바울은 율법과 선지자들에게 증거를 받았다는 사실을 덧붙였다. 바울이 하나님의 의에 대해 소개하고 있는 내용은 구약성경과 다른 것이 아니다. '율법과 선지자'는 구약성경 전체를 지칭하는 표현으로 종종 사용된다. 율법은 첫 번째 다섯 책을

가리키며, 선지자는 나머지 책을 뜻한다. 바울은 이 진리를 로마서 4장에서 율법(아브라함. 창 15:6; 롬 4:1~3, 9~23)과 선지자(다윗. 시 32:1~2; 롬 4:4~8)를 통해 예증했다.

3:22 헬라어로 보면 이 구절의 전반부는 새로운 문장이 아니다. 일종의 동격 절로 볼 수 있고, "**믿음을 통하여 하나님께로부터 온 의**"라고 번역될 수 있다. 이 말은 하나님 앞에서 자기들의 특별한 위치를 내세우는 유대인들의 주장을 다시 상기시킨다. 이에 대해 바울은 결론적으로 "**차별이 없느니라**"(참조, 10:12)고 단언했는데, 이 말은 헬라어 문장에서 앞에 언급한 내용과 연결시키기 위해 삽입된 말이다. 오직 그리스도를 믿는 것에 기초해서 모든 죄인이 하나님 앞에 설 수 있도록 하나님이 의를 공급하시는 이 시대에는 유대인이 가진 어떤 우선적인 특권도 모두 사라져 버렸다. 모든 사람이 '죄 아래'에 있기 때문에(3:9) 구원은 '모든 사람에게' 똑같이 주어진다.

3:23 바울은 모든 사람이 죄를 지었기 때문에 '차별이 없다'고 설명했다. "**모든 사람이 죄를 범하였으매**"라고 번역된 헬라어 **판테스 헤마르톤**(πάντες ἥμαρτον)은 5장 12절에도 등장한다. 온 인류는 아담과 함께 죄에 빠졌기 때문에 모두(유대인이건 이방인이건) 죄인이다. 유대인이라고 해서 하나님의 심판에서 제외되는 특권을(2:12~21; 3:1) 가지고 있는 것이 아니다.

모든 사람은 죄를 범하였을 뿐 아니라 하나님의 영광에 이르지도 못했다. '**이르지 못했다**'는 뜻의 헬라어 동사는 현재 시제로, 계속되는 동작을 의미한다. 이 동사는 "계속해서 이르지 못하고 있다"로 번역될 수 있다. 이것은 죄인인 인간이 자신의 노력으로 **하나님의 영광**에 이를 수 없다는 명료한 사실을 강조한다. 하나님의 영광은 하나님의 광휘이며, 그분 속성의 현시이다. 하나님은 사람들이 그 광휘를 나누어 받아 하나님과 같이, 즉 그리스도와 같이 되기를 원하신다(참조, 5:2의 '영광'; 고후 3:18; 골 1:27; 살후 2:14). 그러나 사람들은 죄 때문에 하나님의 영광을 나누어 받을 수 없다.

3:24 하나님은 그분의 의로 인간의 죄에 개입하셨는데, 이는 모든 믿는 사람이 의롭다 하심을 얻었기 때문이다(현재 시제는 "계속해서 의롭다고 선포되고 있다"로 번역될 수 있다. 즉, 믿는 사람마다 의롭다 함을 얻는다). '의롭다 하다'(디카이오[δικαιόω])는 법적인 용어로, '의롭다고 선언하다'('의롭게 만들다'가 아니다. 참조, 신 25:1)라는 뜻이다. 바울이 자주 사용한 이 동사와 또한 이 동사와 관련된 명사 '의'(righteousness)에 관해서는 로마서 11장 17절의 주해를 보라.

믿는 자들에게 주시는 하나님의 의롭다 하심은 **그분의 은혜로 값없이**(도레안[δωρεάν]: 값없이 주시는 선물로, 즉 대가 없이) 주시는 것이다. 하나님은 그분의 은혜, 곧 과분한 사랑으로 우리를 의롭다 하신다. '은혜'도 역시 바울이 좋아하는 단어이며, 로마서에서 24번이나 사용되었다. 그러나 하나님은 객관적인 조건 없이, 곧 죄를 다스리지 않고는 사람을 의롭다고 선언하시지 않는다. 그 조건은 **그리스도 예수 안에 있는 속량**이다. '속량'에 해당하는 헬라어는 **아폴뤼트로시스**(ἀπολύτρωσις)로, 뤼트론(λύτρον : 속전[贖錢])에서 파생된 단어이다. 이 단어는 신약성경에서 10번 사용되었다(눅 21:28; 롬 3:24; 8:23; 고전 1:30; 엡 1:7, 14; 4:30; 골 1:14; 히 9:15). 그리스도의 십자가 죽음은 하나님의 용서와 구원의 약속을 믿는 모든 사람을 사탄과 죄의 속박에서 구해 내기 위해 지불하신 죄에 대한 속전이다.

3:25상 하나님은 그리스도를 화목제물로 세우셨다. '화목제물'로 번역된 헬라어는 히라스테리온(ἱραστήριον)인데, KJV와 NASB에서는 이 단어가 '화해'(propitiation)로 번역되었다. 이 단어는 신약성경의 여러 곳에 나오지만 히브리서에서는 성소에서 언약궤를 놓는 장소인 '속죄소'를 말하는 9장 5절에만 나온다. 그곳에서는 해마다 대속죄일에 이스라엘의 죄를 덮고(속죄하고. 레 16:14) 하나님을 만족시키기 위해 대제사장이 황소의 피를 뿌렸다. 예수님의 죽음은 죄인들에 대한 하나님의 요구를 완전히 만족시키는 온전한 희생이었다. 그래서 하나님의 진노가 믿는 자들을 비켜 가게 되었다. 동사 히라스코마이(ἱράσκομαι)는 '희생으로 만족시키다, 속전을 지불하다'라는 뜻으로, 누가복음 18장 13절('불쌍히 여기다')과 히브리서 2장 17절('죄를 구속하다')에 나온다. 그와 관련된 명사 히라스모스(ἱρασμός)는 '화목제물'이라는 뜻으로, 요한일서 2장 2절과 4장 10절에 나온다.

하나님의 화목제물인 그리스도께서는 감춰진 속죄소와 대조되어 '나타나신다'(문자적으로 '보이다'). 그리스도의 이러한 사역은 **그의 피로써 믿음으로 말미암은 것이다**(참조, 롬 5:9). 그것은 믿음으로 가능하다(참조, 3:22). 예수님의 죽으심과 그의 피 흘림으로 죄의 빚이 청산되었고 하나님은 만족(화해)하셨다. '그의 피로써'(혹은 '그의 피에 의해')는 '믿음으로 말미암아'에 연결된 것이 아니고 '화목제물'에 연결되어야 한다. 믿는 자는 그의 믿음을 그리스도의 피에 두지 않고 그리스도께 둔다.

3:25하~26 그리스도의 죽음에 대한 하나님의 목적은 길이 참으시는 중에(아노케[ἀνοχή]: 보류하다, 연기하다) 전에 지은 죄를 간과하심으로 자기의 의로우심(하나님 자신의 합법적인 의, 디카이오쉬네스[δικαιοσύνης]. 참조, 1:17의 주해)을 나타내려 하심이다. 왜 하나님은 과거의 죄를 항상 심판하시지는 않는가? 이것은 결국 하나님이 의롭지 못하심을 의미하는가? 앞에서 바울은 사람들이 회개하기를 원하시기 때문에 하나님이 참고 계신다고 말했다(2:4). 여기에서는 하나님이 예수 그리스도의 죽음으로 죄인들을 위한 계획을 준비하셨기 때문에 참으신다고 말한다. 이렇게 참으시는 것은 하나님의 불의가 아니라 그분의 은혜로우심을 증명한다(참조, 행 14:16; 17:30).

바울이 열심히 주장한 하나님의 의는 "자기의 의로우심(디카이오쉬네스[δικαιοσύνης]: 의)을 나타내다"라고 반복하는 바울의 말에서 잘 드러난다. 예수 그리스도의 대속적(화목의) 죽음에 대한 하나님의 목적은 자신이 의로우신(디카이온[δίκαιον]: 의로운) 분이자, 예수님을 믿는 사람을 의롭다 하시는 분(디카이운타[δικαιοῦντα]: 의롭다고 선언하는 자)임을 나타내는 것이다. 하나님의 신적 딜레마는 자신의 의와 그 의가 죄인들에게 요구하는 것을 만족시키면서 동시에 자신으로부터 멀어져 간 반역적인 피조물을 회복시키는 데 있어서 자신의 은혜와 사랑과 자비를 어떻게 드러낼 것인가 하는 문제였다. 해결책은 성육신하신 하나님의 아들 예수 그리스도의 죽음과 모든 죄인들이 그 진리를 믿음으로 받아들이는 것이었다. 그리스도의 죽음은 하나님 자신의 의를 변호했으며(죄의 삯이 '지불되었기' 때문에 그분은 의롭다), 하나님이 모든 믿는 죄인들을 의롭다고 선언할 수 있는 근거가 되었다.

3:27~28 바울은 하나님이 죄인들에게 부어 주신 의에 대해 설명한 후에 독자들이 물을 만한 다섯 가지 질문들을 제시했다. 두 가지는 27절에, 두 가지는 29절에 그리고 나머지 한 개는 31절에 있다. 첫 번째 질문은 "자랑할 데가 어디냐?"이다. 유대인이 어떻게 자기들의 특별한 위치에 대해 자랑할 수 있겠는가(2:17~20, 23)? 바울의 대답은 단호하다. "있을 수가 없느니라"(완전히 불가능함).

의롭다 하심을 얻는 것은 믿음으로 말미암은(22, 25~26절) 은혜로만(3:24) 가능하기 때문에 자신의 행위(업적)를 자랑하는 것은 배제된다. 이것은 두 번째 질문을 유발시킨다. "무슨 법으로냐?(여기서 '법'은 '원리'를 의미한다) 행위로냐?" 바울의 대답은 다음과 같다. "아니라 오직 믿음의 법으로니라."

율법이 의롭게 하는 것이 아니므로 행함(다시 말해, 율법을 지킴)이 자랑거리가 될 수 없다. 율법은 그런 목적으로 주어진 것이 아니다(참조, 20절). 바울 사도는 결론적으로 이렇게 요약한다. "그러므로 **사람이 의롭다 하심을 얻는 것은**(의롭다고 선언되는 것은) **율법의 행위에 있지 않고**(문자적으로 '율법의 행위와 관계없고') **믿음으로 되는 줄**(22, 25~27절) **우리가 인정하노라**."

3:29~30 여기에 제기된 두 가지 질문은 다른 각도에서 본 유대인의 특징이라는 동일한 문제를 다룬다. 이방인들이 거짓 신인 우상을 섬겼기 때문에, 유대인들은 참되고 살아 계신 여호와 하나님(렘 10:10)만이 그들의 하나님이라고 결론지었다. 유대인만이 여호와를 알고 경배했다는 의미에서 그것은 사실이다(유대교에 입교한 이방인 개종자들은 제외하고). 그러나 실제로 창조주이시며 만민을 주관하시는 여호와께서는 모든 사

람의 하나님이시다. 하나님은 그분의 백성으로 삼으시기 위해(신 7:6) 아브라함과 그의 후손들을 선택하시기 전에는 모든 사람을 똑같이 취급하셨다. 그리고 이스라엘을 특별한 백성으로 선택하신 후에도 자신이 유대인과 이방인 모두의 하나님이심을 분명하게 보이셨다(예를 들면, 요나서를 보라). 게다가 이제는 모든 사람이 죄인이어서(롬 3:23) 그들 사이에 '차별'이 없고, 구원의 유일한 근거도 예수 그리스도의 희생적인 죽음에 있기 때문에 하나님은 모든 사람을 똑같은 토대 위에서 취급하신다. 그래서 하나님은 오직 한 분이시다. 바울은 여기서 이스라엘의 '쉐마'를 생각했다. "이스라엘아 들으라 우리 하나님(엘로힘[אֱלֹהִים]) 여호와(아도나이[יהוה])는 오직 유일한 여호와(아도나이[יהוה])이시니"(신 6:4). 한 분이신 하나님은 배경에 관계없이(할례자든 무할례자든) 똑같은 믿음의 조건으로 그분께 나아가는 모든 자를 의롭다 하실 것이다.

3:31 "그런즉 우리가 믿음으로 말미암아 율법을 파기하느냐?" 마지막으로 제기한 이 질문에 바울은 특징적인 감탄조로 대답했다. "그럴 수 없느니라"(메 게노이토[μὴ γένοιτο]: 그렇게 될 수 없다. 참조, 4절의 주해). 그리고 나서 "도리어 율법을 굳게 세우느니라"고 덧붙였다. 율법이 개인을 예수 그리스도를 믿는 믿음으로 이끌었을 때(참조, 20절; 갈 3:23~25), 율법의 목적은 성취되는 것이고, 하나님의 전체 계획 가운데 그 위치가 확정되는 것이다. 바울은 거듭 구원의 길이 율법의 행위가 아니라 믿음이라고 확언했다. 그는 로마서 3장 22~31절에서 '믿음'이란 단어를 무려 여덟 번이나 사용했다(22, 25~28, 30[두 번], 31절을 보라)!

B. 공급된 의 조명(4장)

사도 바울은 행위가 아닌 믿음의 원리에 입각하여 하나님이 사람들을 의롭다고 선언하신다는 의견을 피력했다. 그의 주장이 사실이라면 과거로 거슬러 올라가 그것을 예증할 수 있어야 한다. 그는 이스라엘의 족장 아브라함(참조, 요 8:39)과 다윗을 예로 들어서 자신의 주장을 증명했다(참조, 로마서 3장 21절의 주해 가운데 '율법과 선지자에 대한 내용).

1. 행위가 아니라 믿음으로(4:1~8)

4:1 바울은 앞으로 제기할 여섯 가지 질문 중 첫 번째 질문인 "그런즉 … 무엇을 얻었다 하리요"(6:1; 7:7; 8:31; 9:14, 30)라는 말로 아브라함의 예증을 시작했다. 그는 아브라함을 우리 조상이라고 했다('조상'은 신약성경 중 여기에만 나옴). 이 말은 의심할 바 없이 아브라함의 조상들로부터 아브라함을 구별해서 영적인 선조로 인정하는 말이다. 영적인 선조에 관한 내용은 4장 11~12, 16절에 언급되었다. 이 족장이 **무엇을 얻었을까**? 바울의 독자들은 성경에 나오는 아브라함의 행적에서 무슨 교훈을 배울 수 있었을까?

4:2~3 랍비들은 아브라함이 그의 후손들에게도 유효할 만큼 행위에 있어서 매우 의로웠다고 가르쳤다. 바울은 아브라함이 행위로써 의롭다 하심을 받았으면 자랑할 것이(참조, 2:17, 23; 3:27 주해에 나오는 자랑 혹은

뽐냄) 있으리라고 하면서 이 견해를 주장하는 척했다. 그러나 아브라함이 다른 사람들 앞에서는 자랑할 수 있어도 하나님 앞에서는 자랑할 수 없다고 바울은 주장한다. 만약 어떤 사람이 행위로 한정적인 의를 세울 수 있다 하더라도(사실은 그것도 불가능하다) 결코 하나님 앞에서는 자랑할 수 없다.

이제 바울은 독자들이 인정하거나 물을 수 있는 권위의 문제를 언급한다. "성경이 무엇을 말하느냐?" 그는 창세기 15장 6절을 인용했는데, 그 말씀은 아브라함이 하나님의 약속을 믿은 것이 그에게 **의로 여겨진 바 되었다**고 선언한다. 아브라함이 믿었기 때문에, 하나님이 그분의 판단에 따라 그에게 의를 부여하셨다('여겨진 바 되다'라고 번역된 엘로기스쎄[ἐλογίσθη]는 로기조마이[λογίζομαι]에서 파생된 회계학 용어이다). 바울은 전에도 이 구절을 인용했다(갈 3:6).

4:4~5 바울은 앞 절에서 인용한 말씀의 중요성을 이야기한다. 그는 일하는 자들의 삯은 은혜로 주어진 것이 아니고 일한 대가로 받은 것이기 때문에 그의 소유가 된다고 지적했다. 바꾸어 말하면, 어떤 사람이 일을 하지 않았더라도 **경건하지 아니한 자**(아세베[ἀσεβῆ]. 참조, 5:6)를 **의롭다 하시는 하나님**을 믿는다면('일하고 있다,' '믿고 있다'라는 두 개의 분사는 현재 시제이다) 그의 **믿음이 의로 여겨진다**(참조, 4:3). 성경에 따르면 아브라함은 후자에 속한다. 그는 하나님을 위해 일했기 때문이 아니라 하나님을 믿었기 때문에 의롭다 하심을 얻은 것이다.

4:6~8 아브라함에 관한 이 진리는 다윗에게도 역시 적용되는 진리이다. 바울은 다윗이 하나님께 받은 은혜를 노래한 시편 32편 1~2절을 인용한

다. 일한 것이 없이 하나님께 의로 여기심을 받은 다윗과 같은 사람은 복되다. 이런 사람의 죄는 용서받고 가리어짐을 받는다. 그리고 하나님은 그의 죄에 대한 책임을 지우는(로기세타이[λογίσηται]) 대신에 그에게 의를 부여하신다(로기제타이[λογίζεται]. 참조, 롬 4:3).

2. 의식이 아니라 믿음으로(4:9~12)

4:9~10 바울은 또다시 유대인의 특별한 위치에 대한 질문을 던진다(참조, 2:17~21상; 3:1~2). 헬라어 어법에서 이 질문은 긍정의 대답, 즉 이 복이 할례자(유대인)뿐 아니라 무할례자(이방인)에게도 있다는 대답을 기대하는 질문이다.

그러나 바울은 그런 대답 대신 아브라함의 예로 다시 돌아간다. 아브라함이 그 믿음으로 의롭다 함을 얻었다는 엄연한 성경의 선언을 되풀이하고 있다. 그런 다음 바울은 아브라함이 의롭다 함은 얻은 것이 할례 전인지, 후인지 질문한다. 그리고 할례 시(할례 후)가 아니라 무할례 시(할례 전)라고 대답한다. 아브라함이 언제 의롭다 함을 얻었는지(창 15:6) 그 시기는 언급되지 않는다. 그러나 의롭다 함을 얻은 이후에 하갈이 이스마엘을 낳았는데, 그때 아브라함의 나이는 86세였다(창 16:16). 그 후에 하나님이 아브라함에게 언약의 표시로 모든 남자 자손들에게 할례를 행하라고 명령하셨다. 이 일은 아브라함이 99세였을 때 행해졌다(창 17:24). 그러므로 아브라함의 할례는 믿음으로 의롭다 함을 얻은 지 무려 13여 년 후에 행해졌다.

4:11~12 그러므로 바울은 할례의 표는 아브라함이 무할례 시에(할례 받

지 않았을 때에) 믿음으로 된 의를 인친 것이라고 설명한다. '표' 혹은 '인'으로서의 할례는 아브라함이 이미 얻은 의의 표면적인 표시였다. 하나님의 목적은 아브라함을 모든 믿는 자의 조상으로 세워 그들이 의롭다 함을 얻게 하려는 것이다. 여기에는 무할례자(이방인)도, 할례자(유대인)도 다 포함된다.

유대인들이 하나님과 올바른 관계를 맺으려면 할례 이상의 것을 해야 한다. 그들도 아브라함과 같이 **믿음의 자취를 따라야 한다**(참조, 2:28~29). 그렇다면 유대인들이 구원에 필요한 것으로 의존하고 있는 할례 의식은 분명 하나님 앞에서 아무 소용이 없는 것이다. 그들은 하나님을 믿음으로 의롭다 함을 얻어야 하기 때문에 할례 의식은 그들이 하나님 앞에 서는 데 필요한 어떤 자격도 주지 못한다.

3. 율법이 아니라 믿음으로(4:13~17)

4:13 유대인들은 또한 인간의 행위에 대한 하나님의 기준을 특별히 계시한 모세 율법을 하나님 앞에서 그들을 특별한 위치에 서게 하는 근거로 생각했다. 그러므로 바울은 "아브라함이나 그 후손(문자적으로 '씨')에게 세상의 상속자가 되리라고 하신 언약은 율법으로 말미암은 것이 아니요"('아니요'에 해당하는 부정어는 헬라어 문장에서 제일 앞에 위치함으로써 강조된다)라고 단언했다.

창세기 12장 1~3절에 나오는 하나님의 약속은 율법 수여보다 수세기나 앞섰다(참조, 갈 3:17). '세상의 상속자'는 '땅의 모든 족속'(창 12:3), '만민'(창 18:18), 그리고 '천하 만민'(창 22:18)을 가리키는데, 아브라함과 그의 후손을 통해 온 세상이 복을 받기 때문이다. 그래서 그는 그들의 '조상'이고 그들은 그의 후손들이다. 이 축복의 약속들은 하나님이 **의롭다 하신** 자들에게 주어졌다. 그리고 바울이 다시 한번 강조하듯이, 의롭다 하심을 얻는 것은 **믿음으로 말미암은** 것이다. 전 세대에 걸쳐 믿는 자들은 아브라함이 누린 것과 같은 영적인 복(의롭다 하심)을 누리기 때문에 모두 '아브라함의 자손'이다(갈 3:29). (그러나 하나님은 신실한 육신의 자손들과 거듭난 나라 이스라엘과 땅의 상속[창 15:18~21; 22:17]에 관해 아브라함에게 약속하신 것을 파기하지 않으셨다. 이 약속들은 천년왕국 시대에 성취될 것이다.)

4:14~15 바울이 설명한 대로, 만일 유대인들이 율법에 순종함으로써 상속자가 되었다면 믿음은 헛것이 된다(케케노타이[κεκένωται]: 쓸데없는 것이 되다. 명사 케노스[κένος]: 빈, 내용물 없는. 참조, 고전 15:10, 58). 또한 약속은 파기된다(카테르게타이[κατήργηται]: 망가지다). 이것이 사실인 이유는 불순종의 결과로 율법이 진노를 이루었기 때문이다(문자적으로 "율법은 계속해서 진노를 낳고 있다"). 어느 누구도 율법을 완전히 지킬 수 없다. 그러므로 하나님은 죄에 대해 진노하셔서 불순종하는 자들을 심판하신다.

바울은 그와 관련해서 일반적인 원리를 이야기한다. "율법이 없는 곳에는 **범법도 없느니라.**" 어떤 사람이 여전히 죄를 짓고 있다고 하더라도 그것을 금하는 명령이 없다면 그의 행동은 범법적인 성격을 갖지 않는다(참조, 롬 5:13).

4:16 바울은 이렇게 결론짓는다. "그러므로(문자적으로 '이런 이유로') 그 약속은 은혜에(카타[κατά]) 속하기 위하여 믿음으로(에크[ἐκ]) 된다." 하나

님의 약속에 대한 믿음의 응답은 칭찬할 만한 일이 아니다. 그 이유는 그 약속이 그분의 은혜, 곧 진노를 받아 마땅한 사람들에게 주시는 그분의 사랑으로 이루어졌기 때문이다. 믿음으로 반응하는 것은 하나님과 그분의 약속을 믿는 데 있어서 필수적인 응답이다. 믿음과 은혜는 공존하기 때문에, 그리고 그 약속은 은혜로 말미암은 것이기 때문에 율법으로가 아니라 오직 믿음으로 그 약속을 받아들일 수 있다.

그 약속이 믿음으로 인한 것이어야 하는 또 다른 이유는 하나님이 그 약속을 아브라함의 모든 후손, 곧 유대인들(율법에 속한 자들)뿐 아니라 하나님을 믿음으로 행하는 모든 자들에게 굳게 하려 하셨기 때문이다. 만약에 그 약속이 율법을 지키는 자들에게 이루어진다면 어떤 이방인도(혹은 유대인도) 구원받을 수 없다! 그러나 아브라함이 우리 모든 사람, 곧 모든 믿는 자의 조상이기 때문에(참조, 1절의 '우리의.' 참조, 갈 3:29) 구원이 가능하다.

4:17 바울은 창세기 17장 5절에 나오는 하나님의 언약을 인용하여 영적인 권위를 가지고 16절의 결론을 뒷받침했다. 교회 시대의 신자들이 아브라함과 동일시되고 아브라함에게 하신 하나님의 약속과 연결되는 것은 하나님이 아브라함과 그의 육신의 자손들에게 주신 육신적이고 현세적인 약속들이 영적인 것으로 변했다거나 폐기되었음을 뜻하는 것이 아니다. 그것은 단지 하나님의 언약과 그에 대한 아브라함의 믿음의 응답이 물질적이고 현세적인 면뿐 아니라 영적인 면을 갖고 있음을 의미한다(참조, 롬 4:13의 주해).

여기에 인용된 말씀은 사실 부가적인 것이다. 그러므로 17절 후반부가 16절 후반부와 다음과 같이 연결된다. "아브라함은 우리 모든 사람의 조상이라"(16절 후반부. "그는 우리의 조상이다"라는 말은 헬라어 본문에는 없으나 뜻을 분명하게 하기 위해 첨가한 말이다). "하나님은 죽은 자를 살리시며 없는 것(문자적으로 '존재하지 않는 것들')을 있는 것으로(문자적으로 '존재하는 것처럼') 부르시는 이시니라"(17절 후반부).

이런 식으로 하나님을 정의하는 것은 분명히 위에 인용된 내용 다음에 오는 창세기 17장의 하나님의 약속, 곧 아브라함이 100세, 사라가 90세 되었을 때에 아들을 낳으리라는 약속을 상기시킨다(창 17:17, 19; 18:10; 21:5. 참조, 롬 4:19). 아브라함이 여러 민족의 아버지가 될 것이라는 약속의 성취는 자녀가 없이 노년기에 접어든 아브라함과 사라를 볼 때 불가능하게 여겨졌다.

4. 하나님의 약속을 믿음으로(4:18~25)

4:18 이 늙은 족장은 인간적으로 자식을 낳을 희망이 없었음에도 불구하고 하나님의 말씀을 믿었다. 아브라함은 바랄 수 없는 중에 바라고 믿었다. 하나님은 그의 믿음을 높이 사셨고, 그는 많은 민족의 조상이 되었다. "네 후손이 이 같으리라"(창세기 15장 5절의 인용)고 하신 하나님의 말씀대로 되었다.

4:19 19~21절은 아브라함의 바람에 대해 말한 18절 전반부를 더 분명하고 자세하게 설명한다. 아브라함은 나이가 듦에 따라 자기 몸이 죽은 것 같음을(어떤 헬라어 사본에는 '이미'라는 뜻의 단어가 있다) 알고도(문자적으로 '신중하게 생각하다') 믿음이 약하여지지 않았다(창 17:17; 21:5). 아브라함은 또한 사라의 태가 죽은 것 같음도 알았다. 그들의 결혼 생활을

통해 증명되듯이(참조, 창 16:1~2; 18:11), 그리고 그녀의 나이가 90세였기 때문에(창 17:17), 그녀는 아이를 가질 수 없었다.

4:20~21 인간적으로 불가능한 상황에서도, 아브라함은 믿음이 없어(문자적으로 '불신앙으로 말미암아') 의심하는 일이 없었다. '의심하다'(디에크리쎄[διεκρίθη])는 '나뉘다'라는 의미이다(때때로 야고보서 1장 6절과 같이 '의심하다'로 번역된다). 이 족장은 믿음으로 견고하여졌다. 이 표현은 문자적으로 '믿음에 의해 강해졌다'(에네뒤나모쎄[ἐνεδυναμώθη]: 엔뒤나모[ἐνδυναμόω]에서 파생됨)라는 뜻이다. 하나님은 아브라함의 믿음을 보시고 그와 사라를 육신적으로 강하게 하셔서 약속의 아들을 낳게 하셨다. 그래서 아브라함은 하나님께 영광을 돌렸다. 즉 하나님을 높이고 감탄하며 찬양했다. 아브라함은 하나님이 약속하신 그것을 능히(뒤나토스[δυνατός]: 영적인 능력) 이루실 줄을 확신했다. 이 믿음의 조상은 얼마나 하나님을 신뢰했는가! 그는 '바라고 믿었다'(롬 4:18). 불가능한 상황에서도 믿음이 약해지지 않았다(19절). 믿음이 없어 의심하지 않았다(20절). 오히려 믿음으로 견고해졌다(20절). 그리고 하나님이 약속하신 것을 능히 이루실 줄을 확신했다(21절).

4:22 바울은 아브라함에 대한 예증을 "그러므로(디오 카이[διὸ καί]) 그것이 그에게 의로 여겨졌느니라"는 말로 끝맺는다. 하나님을 향한 아브라함의 믿음의 응답과 그를 향한 하나님의 약속은 하나님이 아브라함을 의롭게 여기시는 것, 즉 하나님이 아브라함을 의롭다고 선언하시는 것을 위한 필요조건이다. 하나님이 이런 믿음을 의로 여기신 것은 당연하다!

4:23~24 23~25절은 의롭다 하심의 진리와 아브라함을 통한 예증을 바울의 독자들(이 서신을 처음 읽은 로마의 성도들로부터 오늘날의 성도들까지)에게 적용시키고 있다. 하나님이 아브라함을 의롭다고 여기셨다는 기록은 아브라함만 위한 것이 아니요 의로 여기심을 받을 우리도 위함이다. 그러나 의롭다 하시는 은혜는 모든 사람을 위한 것이 아니다. 그것은 **예수 우리 주를 죽은 자 가운데서**(문자적으로 '죽은 자들 중에서.' 참조, 6:4; 8:11) 살리신 이를 믿는 자들을 위한 것이다. 바울은 이 장에서 믿음으로 의롭다 하심을 얻은 아브라함과 다른 자들을 거듭해서 언급했다 (4:3, 5~6, 9~11, 23~24).

4:25 바울은 예수님에 대해 말하면서, 믿음을 통해 은혜로 죄인들을 의롭다 하시려는 하나님의 계획 가운데 차지하고 있는 그리스도의 중심적 위치를 이야기한다. 그리스도의 죽음과 부활은 죄인을 의롭다 하시는 것에 기본적인 요소들이다. 예수님은 우리가 범죄한 것(파라프토마타 [παραπτώματα]: 헛디딤. 참조, 5:15, 17, 20; 엡 2:1) 때문에 **내줌이 되셨다**(하나님 아버지에 의해. 참조, 8:21). 이 말씀은 직접적인 인용은 아니지만 사실상 이사야 53장 12절에서 취한 것이다(참조, 사 53:4~6). 예수님은 또한 **우리를 의롭다 하시기 위하여**(대격 앞에 쓰인 디아[διά]: '~을 위하여' 혹은 '~ 때문에') 살아나셨다. 하나님의 속죄양이신 그리스도의 죽음(참조, 요 1:29)은 믿음으로 응답하는 자들을 값없이 용서해 주시려고 모든 사람의 죄에 대해 지불하신 속전이다(롬 3:24). 그리스도의 부활은 하나님이 예수님의 희생을 받으셨다는(참조, 1:4) 증거(표현, 입증)이다. 그리스도께서 살아나셨기 때문에 하나님은 그 죽음에 믿음으로 응답하는 모든 자를 의롭다고 인정하실 수 있다.

로마서 4장에서 바울은 왜 의롭다 하심이 믿음으로 되는지에 대해 반박할 수 없는 몇 가지 이유들을 제시했다. (1) 의롭다 하심은 선물이기 때문에 행위로 얻을 수 있는 것이 아니다(1~8절). (2) 아브라함은 할례 받기 전에 의롭다 함을 얻었기 때문에 할례는 의롭다 하심과 관계가 없다(9~12절). (3) 아브라함은 율법이 주어지기 몇 세기 전에 의롭다 함을 얻었기 때문에 의롭다 하심은 율법에 근거를 두지 않는다(13~17절). (4) 아브라함은 하나님을 믿음으로 의롭다 함을 얻었지 결코 행위로 얻지 않았다(18~25절).

C. 공급된 의를 즐거워함(5:1~11)

5:1 바울은 이제 방향을 바꾸어 믿음으로 의롭다 하심을 얻은 자들이 경험하는 결과들을 제시한다(참조, 3:21~4:25). 분사절 우리가 믿음으로 의롭다 하심을 받았으니(참조, 5:9)는 하나님과 화평을 누리자(에코멘[ἔχομεν])라는 중심 구절보다 앞선 행위이다. 이 분사절의 의미는 "계속하여 하나님과 더불어 (즐거워한다는 의미에서) 화평을 누리자"이다. 화평은 우리 주 예수 그리스도로 말미암아 하나님에게서 오는 것이며(참조, 엡 2:14), 하나님의 의롭다 하심으로 나타난다. 믿는 자는 화평을 이룬다는 의미가 아니라 화평을 즐긴다는 의미에서 화평을 누려야 할 책임이 있다.

5:2 예수 그리스도께서는 믿는 자들이 하나님과 더불어 화평을 누리게 하는 중보자이실 뿐 아니라, 우리가 믿음으로 서 있는 이 은혜에 들어가는

(프로사고겐[προσαγωγήν]: 높은 지위에 있는 사람에게 접근하는 특권. 이 단어는 이 구절과 에베소서 2장 18절, 3장 12절에만 사용되었다) 통로가 되시는 분이다. '믿음'은 인간이 은혜에 들어갈 수 있는 수단이다. 그리스도를 믿는 자들은 하나님의 은혜 안에 들어가게 되는데(참조, 롬 3:24의 '은혜'), 그것은 그리스도께서 그들을 그 은혜 안으로 데려오셨기 때문이다. 그리스도는 믿는 자들이 은혜에 들어가는 수단이다.

헬라어 본문에서 "하나님의 영광을 바라고 즐거워하느니라"는 구절은 "우리가 화평을 누리자"(5:1)라는 말과 동등하다. 1절과 같이 이 구절도 "즐거워하자"라고 번역될 수 있다. 이제 그리스도인들은 그리스도의 영광에 이르지 못하던 상태(3:23)와는 대조적으로, 그리스도로 말미암아 그리스도의 영광을 누릴 그때를 고대한다. 이런 의미에서 그리스도는 '영광의 소망'이시다(골 1:27. 참조, 롬 8:17~30; 고후 4:17; 골 3:4; 살후 2:14; 히 2:10; 벧전 5:1, 10). 이러한 기대는 분명히 기쁨의 이유이자 자랑의 이유이다(카우코메싸[καυχώμεθα]: 문자적으로는 '즐거워하다.' 여기에서는 순수한 의미로 '자랑하다' 혹은 '의기양양하다.' 이 단어는 로마서 5장 3, 11절에도 사용되는데, '즐거워하다'로 번역되었다).

5:3~4 믿는 자들은 이미 얻은 화평을 누릴 수 있으며, 하나님 앞에서 영광스러운 미래를 누릴 수 있다. 그러나 삶의 역경과 어려움에 부딪칠 때 그들은 어떻게 대처해야 하는가? 환난 중에도 즐거워해야 한다. '즐거워하다'로 번역된 **카우코메싸**(καυχώμεθα)는 2절에서도 동일하게 사용된 단어이다. '환난'으로 번역된 **쓸리프세신**(θλίψεσιν)은 '역경, 고통, 압박'을 뜻한다. 야고보도 같은 맥락에서 이렇게 말했다. "내 형제들아 너희가 여러 가지 시험을 당하거든 온전히 기쁘게 여기라"(약 1:2). 인내 혹

은 확고부동함이 환난에 대한 반응으로 나타난 첫 번째 결과인데, 그것은 단순히 스토아적인 고행이 아니다. 여기에서 말하는 즐거움은 환난으로 시작하는 일련의 과정의 최종 결과가 소망임을 알기(오이다[οἶδα]에서 파생됨. '직관 혹은 인식을 통해 알다') 때문에 환난 중에도 느끼는 영적인 기쁨이다. 환난은 **인내**(휘포모넨[ὑπομονή]: 확고부동함. 역경에 굴복하지 않고 견디는 능력. 참조, 롬 15:5~6; 약 1:3~4)를 낳는다. 환난에 처해 본 성도들만이 인내심을 기를 수 있다. 그 다음으로, 인내는 **연단**(도키멘[δοκιμήν]: 입증. 이것은 '입증된 인격'이란 개념을 갖는다)을 낳고, 연단은 소망을 이룬다. 믿는 자들은 고통을 당할 때 인내를 기른다. 그것은 그의 인격을 깊이 있게 한다. 그리고 연단받아 깊어진 인격은 하나님이 그들을 만나 주시리라는 소망(확신)을 낳는다.

5:5 성도의 소망은 하나님과 그분의 약속들을 중심으로 하고 있기 때문에 그를 **부끄럽게 하지 않는다**. '부끄럽게 하다'는 약속이 지켜지지 않아 '실망시켜 부끄럽게 하다'라는 뜻이다. 하나님 안에 있는 이 소망의 확신은 시편 25편 3, 20~21절을 반영한다(참조, 시 22:5; 롬 9:33; 벧전 2:6). 이 소망(환난으로부터 생겨난 궁극적인 결과)이 우리를 부끄럽게 하지 않는 이유는 하나님이 우리 마음에 그분의 **사랑을 부으셨기** 때문이다. 하나님의 사랑이 믿는 자의 마음에 풍성하여(참조, 요일 4:8, 16) 그들을 소망 가운데 있노록 격려하신다. 그리고 이 사랑은 하나님이 우리에게 주신 **성령으로 말미암아**(디아[διά]. 다음에 속격이 오기 때문에 '~을 통해'라는 해석이 더 적절하다) 부어졌다. 성령은 성도에게 하나님의 사랑, 즉 그를 향한 하나님의 사랑을 나타내는 신적인 중재자이다. 성도들의 마음속에 있는 하나님의 사랑은 하나님과 그분의 영광스러운 약속에 근거한 성

도의 소망이 잘못되었거나 좌절되지 않는다는 확신과 보증을 준다. 이러한 성령의 사역은 성령이 하나님의 인(印) 치심으로서(엡 4:30) 그리고 성도들의 영광스러운 기업의 보증으로서 성도 안에 계심과 연결된다(고후 1:21~22; 엡 1:13~14). 후에 바울은 성령이 성도들에게 부어졌다고 말했다(딛 3:6). 성령이 내주하신다(참조, 요일 3:24; 4:13)는 의미에서 성도는 그리스도의 영을 소유한 것이다(롬 8:9).

5:6~8 하나님의 사랑이 부어짐을 이야기한 후에 바울은 하나님의 사랑의 특성을 묘사하는데, 이것은 왜 사랑이 부어지면 성도들이 소망을 확고하게 하는지를 설명해 준다. 하나님은 자신의 사랑을 그의 아들 예수 그리스도의 죽으심으로 확증하셨다. 첫째, 이 확증은 기약대로 이루어졌다(참조, 갈 4:4). 둘째, 그것은 우리가 아직 연약할(아스쎄논[$\dot{\alpha}\sigma\theta\epsilon\nu\hat{\omega}\nu$]: 힘없는, 약한. 참조, 요 5:5) 때에 이루어졌다. 셋째, 그것은 **경건하지 않은** (아세본[$\dot{\alpha}\sigma\epsilon\beta\hat{\omega}\nu$]: 불신앙의. 참조, 롬 4:5) 자들을 **위하여**(휘페르[$\dot{\upsilon}\pi\acute{\epsilon}\rho$]) 이루어졌다. 분명히 그리스도의 죽음은 다른 사람 대신 죽으신 대속적인 죽음이었다. 헬라어 전치사 휘페르($\dot{\upsilon}\pi\acute{\epsilon}\rho$)는 '~을 위해'라는 의미이지만, 때로는 '~을 대신해서'라는 의미로도 사용된다. 이것은 7절 말씀에서 분명히 알 수 있다.

어떤 사람이 의인이나 선인을 위하여 죽는 것은 분명히 대속적인 죽음이다. 이것은 인간의 사랑과 헌신을 나타내는 최상의 표현이다. 그러나 하나님의 사랑은 본질과 정도에 있어서 인간의 사랑과 대조를 이루는데, 그것은 우리가 아직 죄인 되었을 때에 그리스도께서 우리를 위하여(휘페르[$\dot{\upsilon}\pi\acute{\epsilon}\rho$]: 우리 대신에) 죽으심으로 하나님께서 우리에 대한 자기의 사랑을 **확증하셨기**('계속해서 확증하다') 때문이다. 착한 사람의 생명을 구하기 위해 기꺼이 죽을 사람이 혹 있겠으나(거의 없겠지만) 그리스도께서는 그 것을 훨씬 능가하는 사랑을 보이셨다. 그분은 연약한 자와 경건하지 않은 자(4:5), 심지어는 원수들(10절)을 대신해서 죽으셨다!

5:9~11 "의롭다 하심을 받았으니"(의롭다고 선언되다)라고 번역된 분사는 이 구절들을 5장 1절의 주장과 연결시킨다. 그러나 직접적으로는 바로 앞의 말씀(6~8장)과 연결된다. 하나님은 '우리가 아직 죄인이었을 때' 우리 인간을 대신해 그리스도를 죽게 하심으로 자신의 사랑을 확증하셨다. 죄인이 그리스도의 십자가 죽음에 믿음으로 응답했을 때 하나님은 그를 의롭다고 선언하셨다. 이제 의롭다 하심을 받은 그 사람은 이미 그의 마음에 넘치도록 부어진 하나님의 사랑에서 제외되지 않을 것이다. 의롭다 하시는 데 있어서의 신적인 딜레마(3:26)가 예수의 피 뿌림에 근거해서 해결되었기 때문에(참조, 3:25), 분명히 예수 그리스도께서는 의롭다 하심을 받은 죄인들이 **하나님의 진노에서 구원받는 것**을 인정하실 것이다. 믿는 자들은 결코 심판받아 지옥에 가지 않을 것이며(요 5:24; 롬 8:1), 장차 부어질 하나님의 진노의 대상이 되지도 않을 것이다(살전 1:10; 5:9).

이 동일한 진리가 여기에서(10절) 다른 말로 되풀이된다. 화목, 곧 예수님의 갈보리 죽음의 세 번째 위대한 성취가 논의된다(11절에서도). 위대한 세 가지 요소, 곧 '구속'(3:24; 고전 1:30; 갈 3:13; 엡 1:7), '속죄'(롬 3:25; 요일 2:2; 4:10), '화목'(롬 5:10~11; 고후 5:18~20; 골 1:22)은 전적으로 하나님의 역사이며, 예수 그리스도의 죽으심으로 성취되었다. 구속은 죄와 관련된 것이고(롬 3:24), 속죄는 하나님과 관련된 것이며(3:25), 화목은 인간들을 위한 것이다(참조, "우리가 … 화목하게 되었은즉"). 화목은 하나님과 사람 사이에 있는 적대감의 제거이다(참조, "원수 되었을 때에"[10절]; 골 1:21). 화목은 사람과 하나님 사이의 관계 회복을 위한 기초이다(참조, 고후 5:20~21).

'~은즉'(If, 10절)은 '~때문에'로 번역될 수 있다. 이 말은 그의 아들의 죽으심으로 말미암아 화목하게 된 것이 사실임을 확언해 준다. 아울러 화목은 우리가 하나님의 원수 되었을 때에 이루어졌다. 화목은 예수님의 죽음으로 성취되었기 때문에 분명히 예수님의 살아나심은 성도들의 완전하고 최종적인 구원을 보증할 수 있다. '그의 살아나심'은 믿는 자들을 위해 중보하시는(히 7:25) 현재의 사심이다(땅에서의 삶이 아니다). 예수님은 원수들을 위해 죽으셨다. 그분은 반드시 그들(전에는 원수였으나 지금은 그분을 좇는 자들)을 구하실 것이다. 그리스도인, 곧 하나님과 화목하게 된 자들은 그리스도의 생명을 가졌기 때문에 **구원받을** 것이다. 미래의 구원을 확신할 뿐 아니라 바로 지금 하나님 안에서 즐거워한다(카우코메노이 [καοχώμενοι], '또한 하나님 안에서 자랑한다'). 이것은 바울이 이미 권면한 내용이다(롬 5:1~3). "이제 우리로 화목하게 하신 … 그리스도로 말미암아"라는 말씀이 이 모든 것을 확증하고 보증해 준다. 하나님이 경건하지 않은 원수들을 자기와 화목하게 하셨기 때문에, 그들이 하나님과 더불어 화평을 누리게 된다.

D. 공급된 의의 대조(5:12~21)

5:12 바울은 이제 믿음으로 받아들이는 예수 그리스도의 대속의 죽음

에 근거해서 하나님이 그분의 의를 어떻게 인간들에게 계시하시고 적용시키셨는가에 대한 설명을 마무리한다. 해결해야 할 한 가지 과제가 남아 있다. 예수 그리스도의 사역(그리고 그 결과인 의롭다 하심과 화목)과 아담의 행위(그리고 그 결과인 죄와 죽음)를 대조적으로 비교하는 것이다. 바울은 그러므로(문자적으로 '이 때문에.' 참조, 4:16)라는 말로 말문을 열었고, '~처럼'(just as)이라는 말로 대조를 시작했다. 그러나 그는 다른 문제에 관심이 쏠려 5장 15절까지는 대조하는 이야기로 돌아오지 않는다. 바울은 한 사람으로 말미암아 죄(헬라어로 '그 죄')가 세상에 들어왔다(에이셀쎈[εἰσῆλθεν]: 안으로 들어왔다)고 설명한다. 그리고 하나님의 경고대로(참조, 창 2:16~17) 죄로 말미암아 사망(헬라어로 '그 죽음')이 들어왔다고 말한다. 죄에 대한 하나님의 벌은 영적, 육적 죽음이다(참조, 롬 6:23; 7:13). 아담과 하와와 그 후손들은 이 두 가지를 다 경험했다. 그러나 외적이며 가시적인 경험인 신체적인 죽음은 5장 12~21절에서 볼 수 있다. 바울은 "이와 같이 … 사망('그 죽음')이 모든 사람에게 이르렀다"고 결론을 내렸다. '이르렀느니라'는 디엘쎈(διῆλθεν)이며, 문자적으로 '통과했다, 뚫고 갔다' 혹은 '번지다'라는 뜻이다. '들어왔나니'는 에이셀쎈(εἰσῆλθεν)인데, 죄가 세상의 현관문으로(아담의 죄로 인해) 들어갔음을 의미한다. '이르렀느니라'(디엘쎈[διῆλθεν])는 마치 수증기가 집안의 모든 방에 침투되는 것처럼 죽음이 온 인류에게 침투한 것을 강조한다. 바울의 설명에 의하면, 죽음이 모든 사람에게 퍼진 이유는 **모든 사람이 죄를 지었기 때문이다**.

이 구절에 나오는 세 개의 동사는 모두 과거(부정과거) 시제이다. 그래서 인류는 아담이 지은 죄 안에서 모두 죄를 지은 것으로 여겨진다(참조, 3장 23절의 "모든 사람이 죄를 범하였으매"도 과거 시제이다). 온 인류가 아담의 죄에 참여한 것을 설명하는 두 가지 방식이 신학자들에 의해 제시되었다. 인류에 대한 아담의 '연대적 대표성'과 '혈통적 대표성'이다. (혹자는 인간이 단순히 아담을 본받은 것인데, 아담이 인류에게 나쁜 본보기를 보인 것이라고 주장한다. 그러나 이러한 주장은 이 구절에 합당하지 않다.)

혈통적 대표성의 관점은 최초의 인간 아담을 그에게서 나온 온 인류의 대표자로 간주한다. 온 인류의 대표자인 아담의 범죄 행위는 하나님에 의해 모든 사람의 범죄 행위로 간주되었고, 그에게 주어진 사형 판결도 모든 사람에게 적용되었다.

한편, 혈통적 대표성의 관점은 온 인류가 육체적이고 생식적으로 첫 사람 아담 안에 있었다고 간주한다. 결과적으로 하나님은 모든 사람이 아담이 저지른 죄의 행위에 참여했고, 아담이 받은 벌을 받는 것으로 간주하셨다. 연대적 대표성을 지지하는 사람들도 아담이 인류의 선조로서의 대표임을 인정해야 한다. 핵심 쟁점은 영적인 관계이다. 성경의 증거는 아담의 혈통적 대표성을 지지한다. 히브리서 저자는 지극히 높은 제사장 멜기세덱에서 아론까지를 말하면서, 제사장 지파의 선조 레위에 대해 이렇게 주장했다. "또한 십분의 일을 받는 레위도 아브라함으로 말미암아 십분의 일을 바쳤다고 할 수 있나니 이는 멜기세덱이 아브라함을 만날 때에 레위는 이미 자기 조상의 허리에 있었음이라"(히 7:9~10).

5:13 비록 죄가 아담의 범죄 행위로 말미암아 인류에게 들어왔으나(온 인류가 근본적으로 그 행위에 참여했다), 죄는 들어온 그 시점으로부터 **율법**이 주어질 '때까지' 사람들의 행위를 통해 계속 드러났다(참조, 창 6:5~7, 11~13). 그러나 바울이 이미 말한 대로, "율법이 없는 곳에는 범법도 없다"(롬 4:15). 이 말은 율법이 없는 곳에는 **죄**도 존재하지 않는다

는 의미가 아니다. 율법이 없이는 죄가 범법이 되지 않으므로 **죄를 죄로 여기지**(문자적으로 '죄를 씌우다, 죄로 간주하다') **않았다는** 의미이다.

5:14 아담으로부터 모세까지 죄가 존재했다는 것은 아담으로부터 모세까지 사망이 왕 노릇 하였다는 사실로 증명된다. 아담의 범죄와 같은 죄를 짓지 아니한 사람들에게도 사망이 왕 노릇 하였다(참조, 17, 21절). 아담은 하나님의 특정한 명령에 불순종하고(창 5:12) 죄를 범했으나, 그의 후손들은 아직까지 하나님으로부터 받은 다른 특정한 명령들을 범하지는 않은 때였고, 아담이 범한 것과 같은 죄를 범하지도 않았다. 그러나 아담의 모든 후손들은 아담과 함께 죄를 지은 것이므로(롬 5:12) 사망이 왕 노릇 했다(참조, 창 5:5, 8, 11, 14, 17, 20, 27, 31). 사망이 주어진 이래로 그것은 모든 사람이 아담 안에서 죄를 범했음을 증명한다(참조, 롬 5:12의 주해).

이제 바울은 아담의 이름을 언급하면서(참조, '한 사람'[12절]) 그를 **오실 자의 모형**이라고 언급하기에 이르렀다. 온 인류의 두 대표자인 아담과 예수 그리스도 사이에 비교가 이루어지는데(참조, 고전 15:45~49), 사실 이 비교는 대조에 가깝다.

5:15 아담과 그리스도의 비교가(바울이 12절에서 '~처럼'으로 시작한 비교) 15~17절에 나온다. 사도는 "그러나 이 은사(카리스마[χάρισμα]: 은혜의 선물)는 그 범죄와 같지 아니하니"라는 말로 이 비교의 대조적인 본질을 분명히 나타냈다. 그리스도께서 '주신' 것은 아담이 준 것, 곧 그의 범죄(파라프토마[παράπτωμα]: 헛디딤. 4:25; 5:16~18, 20에도 사용됨)와는 대조적이다. 첫째 대조점은 '**더욱**'이라는 표현이 말해 주는 정도의 차이이

다. 한 사람의 범죄가 많은 사람(에녹과 엘리야를 제외한 온 인류)에게 죽음을 가져다주었다. 그와는 대조적으로, 하나님의 은혜와 또한 한 사람 예수 그리스도의 은혜로 말미암은 선물(17절에서 언급된 의. 참조, 16절)은 많은 사람에게 넘쳤다! 만일 후자의 '많은 사람'이 전자의 '많은 사람'(죽은 사람도 포함되겠지만, 본문은 그들을 말하지 않는다)과 동일하고, 그것이 온 인류를 지칭하는 것이라면, '하나님의 은혜와 선물'이 모든 사람들에게 임할 수 있다는 의미에서 넘쳤다는 말이지, 반드시 모든 사람에게 적용된다는 말은 아니다.

5:16 바울은 이제 두 번째 대조를 말한다. 바로 '종류의 차이'다. 그는 대조를 강조하면서 이야기를 시작한다. "또 이 선물은 범죄한 한 사람으로 말미암은 것과 같지 아니하니." 분명히 여기에는 '선물'과 평행을 이루는 명사가 빠져 있다. 어떤 사람들은 '심판'이 빠졌다고 주장한다. 어떤 사람들은 '범죄' 혹은 '죽음' 혹은 '유죄 판결'이 빠졌다고 주장한다. 그러나 헬라어 본문처럼 그것이 어떤 일의 '결과'로 번역되도록 그냥 내버려 두는 것이 최선인 것 같다.

바울은 계속해서 심판은 한 사람(다시 말해, 아담)으로 말미암아 정죄에 이르렀다('되었다')고 한다. 하나님은 아담을 심판하셨고(크리마[κρίμα]), 아담(그리고 온 인류)은 정죄(카타크리마[κατάκριμα]: 형벌. 카타크리마는 이 구절 외에 18절과 8장 1절에만 사용되었다)를 받았다. 그러나 대조적으로 은사(카리스마[χάρισμα])는 많은 범죄로 말미암아 의롭다 하심(디카이오마[δικαίωμα]: 의롭다는 선언. 1장 32절, 2장 26절, 5장 18절, 8장 4절에도 사용됨)에 이르렀다('되었다'). 바울이 거듭 말한 대로, 3장 24절에서 시작되는 하나님의 은혜는 어떤 사람이 의롭다 함을 얻는(의롭다고 선포되는) 근거이다. 그리고 이 은혜는 '많은 범죄'(파라프토마톤 [παραπτωμάτων]. 참조, 5:15, 17~18, 20) 앞에 있었다. 한 사람(아담)이 하나님의 명령을 어겼고(15절), 그 이후로 모든 사람이 계속 하나님의 가르침을 무시했다.

5:17 세 번째 대조(참조, 15~16절)는 앞에 나온 두 개의 비교들을 종합하면서 정도의 차이('더욱.' 참조, 15절)와 종류의 차이('사망'과 '생명.' 참조, 16절) 모두를 포함한다. 이 구절 전반부의 조건절, "**한 사람의 범죄로 말미암아 사망이 그 한 사람을 통하여 왕 노릇 하였은즉**"은 사실을 말하는 조건절이다. 이 사실은 12, 14절에서 확인된다. 사망은 사람들 위에 왕 노릇 하며 모든 사람을 사망의 두려움과 손아귀로 몰아넣는 폭군이다(참조, 히 2:15).

그 결과는 "**더욱 은혜와 의의 선물**(참조, 롬 5:15)**을 넘치게 받는 자들은 한 분 예수 그리스도를 통하여 생명 안에서 왕 노릇 하리로다**"로 나타난다. 주 예수께서는 하나님이 인간을 위해 준비하신 모든 것의 중보자시다. 사망이 모든 사람 위에 폭군처럼 왕 노릇 하는 반면에, 그리스도를 믿고 하나님의 은혜를 받은 자들은 생명 안에서 왕 노릇 한다. 한편에서는 사람들이 무자비한 통치자 밑에서 희생물로 죽어 가고, 한편에서는 그들 자신이 통치자가 되어(참조, 레 1:6) 생명의 왕국을 통치한다! 은혜와 의의 선물을 넘치게 '받은 자들'이라는 표현은 그리스도의 대속적인 죽음으로 인해 모든 자들을 위해 마련된, 그리고 하나님에 의해 모든 자들에게 제공되는 이 선물은 각 사람이 믿음으로 받아들여야 효력을 발휘한다는 것을 강조한다(참조, '영접하다'[요 1:12]).

5:18~19 바울은 12절에서 시작한 아담과 예수 그리스도 사이의 기본적인 비교와 15~17절에 언급한 대조들을 여기에서 마무리 짓는다. 바울은 그 대조를 가능한 한 가장 간략한 문장으로 축약했다. "그런즉 한 범죄(파랍토마토스[παραπτώματος]: 헛디딤. 참조, 15~17, 20절)로 많은 사람이 정죄(카타크리마[κατάκριμα]: 형벌. 참조, 16절)에 이른 것같이 한 의로운 행위로 말미암아 많은 사람이 의롭다 하심을 받아 생명에 이르렀느니라." '한 의로운 행위'는 그리스도께서 십자가 위에서 죽으신 것을 뜻한다. 한 범죄(아담의 죄)는 한 의로운 행위(그리스도의 대속)와 대조된다. 아담의 죄의 결과(모든 사람이 하나님의 정죄를 받게 되었다)는 그리스도의 행위의 결과(모든 사람이 의롭다 하심을 받을 수 있게 되었다)와 대조를 이룬다. 한 사람은 사망을 가져왔고, 다른 한 사람은 생명을 가져왔다. 이 구절 전반부에 나오는 '많은 사람'은 온 인류를 포함한다(참조, 12절의 '모든 사람'과 15절 전반부의 '많은 사람'). 이는 이 구절 후반부에 나오는 '많은 사람'과 동일한 범위이다(참조, 16, 19절 후반부의 '많은 사람'). 그러므로 '한 의로운 행위'로 말미암아 예비된 것은 잠재적이다. 그것을 얻을 기회는 온 인류에게 제공될 것이지만, 오직 '받는 자들'(17절)에게만 그것이 주어질 것이다.

이 같은 결론이 다른 말로 19절에도 언급되는데, 19절에서는 아담의 행위가 **불순종**으로, 예수 그리스도의 대속의 죽음이 **순종**으로 표현된다. 불순종의 결과, **많은 사람**이(참조, 15, 18절) **죄인 되었다**(문자적으로 '죄인으로서 세워지다.' 참조, 11:32). 19절 후반부의 **많은 사람**은 17절의 '받는 자들'을 의미한다(참조, 16절의 '많은'). 그들은 의롭다 하심을 얻을 뿐 아니라(여기에는 동사 디카이오오[δικαιόω]가 쓰이지 않았다) 성화의 과정에서 **의인이 될 것이며**, 하나님 앞에서 영화롭게 될 때 의의 절정에 도달

할 것이다. '되다'로 번역된 카씨스테미(καθίστεμι)는 '~로 서다'라는 뜻이다. 이 동사는 19절의 '죄인이 된 것같이'에도 사용되었다.

5:20~21 이 논의에서 아직 남아 있는 의문이 있다. 그렇다면 모세의 율법은 이 모든 과정 가운데 어디에 적용되어야 하는가? 그 이유는 무엇인가? 바울은 "율법이 들어온 것은 범죄를(파랍토마타[παραπτώματα]. 참조, 15~19절) 더하게(넘치게) 하려 함이라"라고 말한다. '들어오다'는 '옆으로 들어오다'로 번역되어야 하는데, 그 이유는 동사 파레이셀쎈(παρεισῆλθεν)을 번역한 것이기 때문이다. 두 개의 유사한 동사 에이셀쎈(εἰσῆλθεν)과 디엘쎈(διῆλθεν)이 12절에 사용되었다. 갈라디아서 2장 4절은 신약성경에서 '옆으로 들어오다'라는 헬라어 동사가 사용된 유일한 곳이다.

로마서 5장 20상반절은 목적절인가, 결과절인가? 모세 율법이 들어온 결과로(참조, 13~14절) '범죄'가 더해졌을 뿐 아니라(율법의 결과), 사람들이 많은 죄를 죄로 깨닫게 하기 위해(율법의 목적) 율법이 들어왔다(참조, 13~14절; 4:15).

그 결과 "죄가 더한(문자적으로 '많은') 곳에 은혜가 더욱 넘쳤다"(참조, 15절). 얼마나 대조적인가! 인간의 죄가 아무리 커진다 하더라도, 하나님의 은혜는 그보다 넘쳤고 훨씬 초과했다. 바울이 하나님의 은혜가 '족하다'(고후 12:9)고 한 것이 당연하다. 하나님의 목적은(히나[ἵνα]: '이는.' 목적절을 이끈다) 그의 은혜가 의(사람들에게 공급된 그리스도의 의)로 말미암아 왕 노릇 하여 우리 주 예수 그리스도로 말미암아 영생에 이르게 하려는 것이다. 다시 한번 바울은 생명과 관련지어 왕 노릇 함을 말한다. 17절에서 하나님의 선물을 받은 자들은 그리스도로 말미암아 "생명 안에서 왕 노릇 한다." 여기서 하나님의 은혜는 왕 노릇 함과 영생을 주는 것으로 구체화된다.

    이제까지 바울은 하나님의 의가 인간을 의롭다 하시는 것을 통해 어떻게 드러났는지를 논했다. 이제 그것이 중생과 성화를 통해 어떻게 드러났는지 설명하려고 한다.

아담과 그리스도의 대조(롬 5:15~21)		
	한 사람(아담)	한 사람(그리스도)
15절	한 사람의 범죄 → 많은 사람이 죽음	한 사람의 은혜 → 많은 사람에게 은혜의 선물이 주어짐
16절	한 사람(아담) → 심판과 정죄	많은 범죄 → 은사 → 의롭다 하심
17절	한 사람의 범죄 → 사망이 왕 노릇 함	한 분 예수 그리스도 → 믿는 자들이 생명 안에서 왕 노릇 함
18절	한 범죄 → 많은 사람이 죄인 됨	한 의로운 행위 → 많은 사람이 의롭다 하심을 받음
19절	한 사람의 불순종 → 많은 사람이 죄인 됨	한 사람의 순종 → 많은 사람이 의인이 됨
21절	죄가 사망 안에서 왕 노릇 함	은혜가 왕 노릇 하여 영생에 이르게 한다

Ⅳ. 성화에서 드러난 하나님의 의(6~8장)

하나님이 공급하시는 의는 믿음에 근거해 신자들을 의롭다고 하시는 칭의 이상의 것을 포함한다. 이에 대해 로마서에 기록된 첫 번째 실마리는 5장 5절에 있다. "우리에게 주신 성령으로 말미암아 하나님의 사랑이 우리 마음에 부은 바 됨이니." 신자들 안에 성령이 계심과 하나님의 속성(그분의 사랑)의 회복은 그들이 새로운 본질과 생명을 소유했음을 말한다. 이제 바울은 성령께서 주관하시는 성화의 사역과 함께 이 새로운 생명에 대해 6~8장에서 길게 서술할 것이다.

A. 성화의 배경(6:1~4)

6:1~2 이 단락을 시작하는 질문들은 부정적인 대답을 기대하는 질문이다. 하나님이 예수 그리스도를 통한 은혜로 말미암아 예비하신 것을 살펴보면 하나님을 향한 찬양이 나오지 않을 수 없다. 그러나 죄인들을 의롭다 하시는 하나님에 대한 가르침(3:21~5:21. 특히 20절 말씀)은 이런 의문을 품게 만든다. "은혜를 더하게 하려고 죄에 거하겠느냐?" 어떤 사람들은 죄가 더한 곳에 은혜가 '더욱 넘치기' 때문에 더 많은 은혜를 체험하기 위해 더 많은 죄를 지어야 한다고 판단할 수도 있다! 사도는 그러한 판단에 전적으로 반대하기 위해 이렇게 말한다. "그럴 수 없느니라"(메 게노이토[μὴ γένοιτο]. 참조, 3:4의 주해). 하나님의 풍성한 은혜는 죄를 더하게 하도록 계획된 것이 결코 아니다.

바울은 이런 생각이 왜 받아들여질 수 없는지를 설명한다. 사실 그리스도인은 죄에 대하여 죽었다(참조, 6:7, 11). 헬라어 부정과거 시제 '죽었다'는 구원받을 때에 그 행위(죽었다)가 일어난 특정한 시점을 강조한다. 죽음은 그것이 육적이건 영적이건 간에 소멸이 아닌 분리를 의미한다(참조, 6~7, 14절). 죄에 대한 죽음은 죄의 소멸이 아니라 죄의 권세로부터의 분리이다. 죄에 대한 죽음은 '죄에게서 해방됨'을 의미한다(18~22절). 그것은 "우리가 어찌 그 가운데 더 살리요"라는 바울의 질문대로 사실이다. 신자들이 죄에 대해 죽었다면 분명히 죄 안에서 더는 살 수 없다.

6:3~4 바울은 "우리는 죄에 대하여 죽었다"(2절)라는 갑작스러운 선언에 대한 영적인 근거를 좀 더 자세하게 설명한다. 로마의 그리스도인들이 알든지 모르든지 간에, "그리스도 예수와 합하여 세례를 받은 우리는(그들은) 그의 죽으심과 합하여 세례를 받았다"라는 것은 사실이다. 여기에서 문제는 바울이 성령 세례를 가리키는지(고전 12:13), 아니면 물세례를 가리키는지를 알아내는 일이다. 어떤 사람들은 고린도전서 12장 13절이 신자들을 그리스도 안에서 한 몸 되게 하는 성령 세례를 말하는 데 반해, 로마서 6장 3절은 "그리스도 예수와 합하여 세례를 받음"을 말하기 때문에 이 세례는 성령 세례가 아니라고 주장한다. 신자는 그리스도와 합하여 '세례를 받고,' 또한 그리스도 안에서 한 몸 되게 하는 '세례를 받는다.' 이 모두가 성령의 역사이다.

다른 사람들은 로마서 6장 3절이 물세례를 말하는 것이라고 주장한다. 이 견해의 문제점은 마치 세례가 구원을 준다고 주장하는 것처럼 보인다는 것이다. 그러나 신약성경은 한결같이 물세례를 성취된 영적 사역의 공적인 인증으로 말하며, 세례를 통한 중생을 부인한다(참조, 행

10:44~48; 16:29~33). 바울이 말하는 영적 실상은 신자들이 믿음을 통해 '그리스도와 합하여 세례를 받아서' 그리스도와 연합하고 동일시된다는 것이다. 신자들의 물세례가 이 영적 실상을 외적으로 드러내고 증언한다. 한 세례(물세례)는 다른 한 세례(그리스도와 동일화. 참조, "그리스도와 합하기 위하여 세례를 받은 자는 그리스도로 옷 입었느니라"[갈 3:27])가 뜻하는 영적 진리의 가시적인 증거이다.

이것은 "우리가 그의 죽으심과 합하여 세례를 받았다"는 진술로 뒷받침된다. 그리스도께서 장사되심은 그분이 실제로 죽으셨음을 보여 준다(참조, 고전 15:3~4). 그리스도와 함께 '장사됨'은 그리스도인들이 실제로 예전의 죄악된 삶에 대해 그리스도와 함께 죽었음을 말한다. 그들이 그리스도의 죽음과 장사됨 안에서 그분과 연합하는 목적은 아버지의 영광('하나님의 능력'과 동의어. 참조, 엡 1:19; 골 2:12)으로 말미암아 그리스도를 죽은 자 가운데서(문자적으로 '죽은 자들로부터.' 참조, 롬 4:24; 8:11) 살리심과 같이 우리로 또한 새 생명 가운데서 행하게 하려 함이다(문자적으로 "또한 우리는 생명의 새로움 안에서 걸어가야 한다"). 헬라어 카이노테티(καινότητι)는 '새로운 생명' 혹은 '신선한 속성을 가진 생명'을 말한다. 예수님의 부활은 단순한 부활이 아니다. 그것은 새로운 형태의 생명이었다. 마찬가지로 예수 안에서 신자들의 영적인 생명은 새롭고 신선한 속성을 갖는다. 이제 새로운 영적 삶이 시작되는 것 외에도 신자들이 부활 안에서 예수 그리스도와 연합하는 것 또한 육체의 부활을 보증한다.

신자를 그리스도의 죽음과 장사됨과 부활에 참여시키는, 그래서 그를 죄의 권세에서 분리시켜 새로운 생명을 주는 하나님의 이 구속 사역은 성화를 이루어 가시는 성령의 계속적인 사역의 근거가 된다.

B. 성화를 위한 자세(6:5~23)

성화는 믿는 자 안에 영적인 생명을 불어넣는 중생과 함께 시작된다. 성화가 시작되는 순간부터 하나님은 신자를 점진적으로 죄에서 분리시켜 자신에게로 이끄시며, 그의 삶을 거룩하고 순결하게 변화시키신다. 성화의 과정은 신자가 땅에서 육신을 갖고 사는 동안에는 결코 끝나지 않는다. 성화는 신자가 죽음과 부활 혹은 휴거를 통해 하나님 앞에 서서 '그 아들의 형상을 본받는'(8:29) 영화의 순간에 완성된다. 신자가 믿음으로 말미암아 예수 그리스도와 연합하는 것이 성화의 근거이자 목적이다. 그러나 매일매일 점진적인 성화의 체험을 통해 그리스도와 합치되는 과정에는 세 가지 자세가 요구된다. 바울은 이것들을 6장 5~23절에서 말하고 있다.

1. 자신을 살아 있는 자로 '여기라'(6:5~11)

성화를 위해 신자들에게 요구되는 첫 번째 자세는 자신을 죄에 대하여는 죽은 자요 그리스도 예수 안에서 하나님께 대하여는 살아 있는 자로 '여기는' 것이다(현재명령형, '계속 여기라'[keep on counting]). 그러나 어떤 것을 진짜로 여기기 위해서는 그것을 알고 믿어야 한다. 이 알고 믿어야 할 것들이 5~10절에 나온다.

6:5~7 5절 전반부는 "우리가 그의 죽으심과 같은 모양으로 연합한 자가

되었기 때문에"라고 번역되어야 한다. 그 이유는 이 내용이 사실의 추정 내지는 사실이기 때문이다. 이 내용의 사실성을 믿는 자들이 그리스도의 부활과 같은 모양으로 **연합한 자**가 될 것이라는 약속의 사실성을 확신할 수 있다. 그 결과로 우리의 옛 사람이 예수와 함께 십자가에 못 박힌 것을 알게 된다(기노스콘테스[γινώσκοντες]는 9절의 에이도테스[εἰδότες : '앎이로라']와 같이 직관적인 앎이 아니라 경험과 심사숙고를 통해 얻은 앎이다). 신자의 '옛 사람'은 예수님을 믿기 전에 죄 아래 있고(3:9), 연약하고 경건치 않으며(5:6), 여전히 죄인이고(5:8), 하나님의 원수였던(5:10) 때의 인격이다('옛 사람'은 죄의 속성을 가리키지 않는다. 성경은 죄의 속성이 구원받을 때에 근절된다거나 이생에서 근절된다고 가르치지 않는다).

'옛 사람'이 그리스도와 함께 '십자가에 못 박힌' 것은(참조, "그의 죽으심과 합하여 세례를 받았다"[6:3], "그의 죽으심과 같은 모양으로 연합한 자가 되었다"[5절]) 죄의 몸을 죽이려 함이다. '죄의 몸'은 인간의 육신 자체가 죄성을 지닌다는 의미가 아니다. 인간의 육체가 죄에 의해 주관되고 통치받음을 의미한다(참조, 7장 24절의 '사망의 몸'에 대한 주해). 이는 믿는 자가 회개하기 전의 상태였다. 그러나 구원받을 때 죄의 권세가 깨어진다. 즉 무력해지고 아무런 영향도 끼치지 못하게 된다(카타르게쎄 [καταργηθῇ]. 고린도전서 1장 28절에서 '폐하다'로 번역되었다).

두 번째 구절(6:6하~7절)은 첫 번째 구절(6절상)을 효과적으로 설명한다. 신자는 중생하지 않았을 때 죄의 종이었다. 그러나 그의 '옛 사람'이 그리스도와 함께 십자가에 못 박혔고(동일시되었고), 이것이 그를 죄에서 종노릇하는 삶에서 해방시키는 근거가 되었다. "죽은 자가 죄에서 벗어나 의롭다 하심을 얻었음이라." 여기에 사용된 동사 데디카이오타이(δεδικαίωται)는 완료 시제로, 계속 영향을 미치는 과거의 동작을 나타낸다. 신자가 그리스도와 함께 죽었기 때문에 죄는 더 이상 통치력을 행사하거나 신자를 주관할 합법적인 권한이 없다.

6:8~11 이 구절들은 5~7절과 같은 진리를 많이 언급하고 있으며, '만일'로 시작하는 같은 형태를 띠고 있다. 믿음으로 예수 그리스도를 영접하고 그와 연합한 자들은 **그리스도와 함께 죽었다**(참조, 3, 5절). 이것이 사실이기 때문에 우리는 **또한 그와 함께 살 줄을 믿는다**(현재 시제, '우리는 계속하여 믿는다'). 그리스도의 부활의 생명을 함께 나누는 것은 중생의 순간에 시작되었으나, 신자가 주와 함께 영생을 공유할 때도 계속될 것이다. 그 결과, 그리스도의 부활이 육적인 죽음의 영역으로부터 끝없는 영적인 형태의 생명으로의 전환임을 우리는 안다(6절과 같이 '경험과 심사숙고를 통해 얻은 지식'인 기노스콘테스[γινώσκοντες]가 아니라, 자명한 진리를 감지하는 '직관적인 지식'을 뜻하는 에이도테스[εἰδότες]이다). 육체적인 죽음을 한 번 경험하고서 부활의 생명으로 말미암아 죽음의 영역에서 벗어나신 예수께서는 **다시 죽지 않으신다**(문자적으로 '더는 죽지 않으신다'). 예수 그리스도께서는 부활로 사망을 이기셨다(행 2:24). 사망이 다른 모든 사람을 주장하는 것처럼(요 10:17~18) 다시 그를 **주장하지**(퀴리유에이[κυριεύει]: 주로서 통치하다. 참조, 롬 6:14) **못한다**.

바울은 예수님의 육체의 **죽으심은 죄에 대하여**(다시 말해, 죄에 관하여) **단번에**(에파팍스[ἐφάπαξ]. 참조, 히 7:27; 9:12; 10:10) 죽으심이라는 말로 이 부분을 요약했다. 이것은 로마 가톨릭 미사에서 말하는 소위 그리스도의 반복적인 희생의 교리와 관습에 반대한다. 그와 반대로 그가 **살아 계심은 하나님께 대하여 살아 계심이다**(현재 시제, '계속해서 살고 있다'). 부활의 생명은 질적인 면에서 영원히 변치 않으며, 그 기간은 영구

적이다. 더 나아가 하나님이 부활의 생명의 원천이며 목적이다. 믿음으로 그리스도와 연합한 신자들은 예수 그리스도에 대한 진리를 자신의 것으로 여기라는 명령을 받는다. 그들은 자신을 죄에 대하여는 죽은 자요 하나님께 대하여는 살아 있는 자로 여겨야 한다. 그들은 죽음의 권세에 대해 죽었기 때문에(롬 6:2), 그 사실을 깨닫고 계속해서 죄 속에 거하지 말아야 한다. 대신 그들은 자신이 그리스도 예수 안에서 새 생명을 소유했음을 알아야 한다. 그들은 그분의 부활의 생명을 공유하고 있는 것이다(참조, 엡 2:5~6; 골 2:12~13).

2. 자신을 하나님께 '드리라'(6:12~14)

6:12 죄에 대하여 죽은 자의 마음 자세는 삶에서 행위로 드러나야 한다. 바울은 그러므로 구원받기 전과 같이 **죄가 지배하지 못하게 하라**(현재 명령, "죄가 계속 지배하지 못하게 하라")고 명령한다. 이것은 "죄가 지배하는 것을 중지시켜라"로 번역할 수도 있다. 죄가 사람의 생명과 몸을 주장할 때, 그들은 몸의 **사욕**에 순종한다. 죄는 사람을 자신의 욕망에 순종하도록 하여 노예로 만든다(6절).

에피쒸미아($\epsilon\pi\iota\theta\upsilon\mu\acute{\iota}\alpha$)는 '열망' 혹은 '욕망'을 가리키는데, 선한 의미인지 악한 의미인지는 이 단어가 어떻게 사용되느냐에 따라 다르다. 죄와 관련된 욕망은 당연히 악하다. "너희 죽을 몸"이라는 말은 죄가 몸 안에서 물리적인 행위들을 통해 그 정체를 드러내는 것을 의미한다. 이 표현은 몸이 썩고 죽는 것임을 강조한다. 아마도 이것은 일시적이며 썩어 버리는 몸의 욕망에 복종하는 어리석음을 강조하는 표현인 것 같다. 죽어 가는 몸에게 복종하는 것은 정말로 어리석은 일이다.

6:13 이 구절은 12절의 명령을 좀 더 분명한 어조로 반복한다. "너희 지체를(문자적으로 '너희 지체들을.' 참조, 19절) 불의의(아디키아스[ἀδικίας]. 하반절의 '의의'와 병행을 이룬다) 무기로(호플라[ὅπλα]: 병기, 갑옷. 참조, 13:12; 고후 6:7; 10:14) 죄에게 내주지 말라"(문자적으로 "계속하여 내놓지 말라" 혹은 "주기를 그쳐라"). 하반절의 명령은 상반절의 명령과 완전한 대조를 이룬다. "오직 너희 자신을 죽은 자 가운데서 다시 살아난 자같이(문자적으로 "죽은 자들 가운데서 살아나셨은즉." 참조, 요 5:24) 하나님께 드리며 너희 지체를(문자적으로 "너희 지체들을") 의(디카이오쉬네[δικαιοσύνης])의 무기(호플라[ὅπλα])로 하나님께 드리라." 이와 관련된 말씀에는 "너희 몸을 하나님께 산 제물로 드리라"(롬 12:1)는 권고가 있다. 신자들은 한 번 죄로 죽었다가(참조, 엡 2:12) 새 생명을 받았기 때문에(롬 6:11) 하나님을 위해서 살아야 한다. 그들은 죄(12절)나 불의(13절)를 위해 자신의 몸을 사용하지 말고 의를 장려하는 데 사용해야 한다(참조, 7:5, 23; 고전 6:15).

6:14 하나님의 의도는 죄가 신자들을 주장하지 못하게 하는(키리유세이[κυριεύει]: 주인으로서 다스리지 못하게 하는. 참조, 9절) 것이다. 그렇게 되어야 하는 이유는 신자들이 법 아래에 있지 아니하고 은혜 아래에 있기 때문이다. 바울은 이미 "율법이 들어온 것은 범죄를 더하게 하려 함이라"(5:20)고 설명한 바 있으며, 그 외에도 "죄의 권능은 율법이라"(고전 15:56)고 선언했다. 신자들이 아직도 법 아래에 있다면 죄가 왕 노릇 하는 것을 막을 길이 없다. 그러나 신자들은 '은혜 아래에' 있기 때문에 바울의 교훈을 따라 이렇게 될 수 있다.

3. 섬기라(6:15~23)

6:15~16 믿는 자들이 '은혜 아래에 있다'는 말(14절)은 또 다른 논박의 여지를 낳는다. "우리가 법 아래에 있지 아니하고 은혜 아래에 있으니 죄를 지으리요?" 이 문장의 헬라어 부정과거 시제는 1절에서 말하는 죄에 거함과는 대조적으로 때때로 죄를 짓는다는 의미를 갖는다. 바울의 대답은 앞(2절)과 동일하다. "그럴 수 없느니라"(메 게노이토[μὴ γένοιτο]. 참조, 3:4의 주해). 그는 이 질문을 받아들일 수 없는 이유를 다시 설명하기 시작한다. 그는 죄의 종이 되는 것과 순종의 종이 되는 것 사이에 중간 지대가 존재하지 않음을 **알지 못하느냐**(자명한 진리를 '직관적으로 깨닫다.' 참조, 6:9)고 묻는다. 이는 예수님이 말씀하신 것과 일맥상통한다. "한 사람이 두 주인을 섬기지 못할 것이니 … 너희가 하나님과 재물을 겸하여 섬기지 못하느니라"(마 6:24; 눅 6:13). 바울은 죄의 종이 되는 자는 **사망에 이른다**고 경고한다(참조, 롬 6:21, 23). 이것은 육체적인 죽음만 의미하는 것도 아니고 영적인 죽음만을 의미하는 것도 아니다. 이것은 죄로 인한 자연스러운 결과이며, 피할 수 없는 전반적인 죽음이다(참조, 창 2:17). 한편 순종(하나님과 복음에 대한 순종)의 종이 된 자는 의에 이른다(영생과 영화에 해당하는 일반적인 의미로서의 의). 죽음은 죄(하나님께 대한 불순종)의 당연한 결과이다. 의는 하나님께 순종하며 그분을 위해 사는 삶의 당연한 결과이다.

6:17~18 사도 바울은 여기에서 하나님의 은혜가 그의 독자들의 삶 속에 이미 성취하신 것을 떠올렸다. 그래서 그는 찬양을 터뜨렸다. 그들은 복음에 응답하기 전에는 **죄의 종**이었으나, 바울이 그들에게 **전하여 준 바**

교훈의 본을 마음으로(내면적으로, 진짜로) 순종했다(참조, 벧전 1:2의 주해). 그들은 하나님의 말씀의 교훈을 듣고서 그 진리대로 행했다. 그것은 그들이 복음에 응답하고 세례를 받음으로 증명되었다. 그 결과 그들은 죄로부터 해방되어 의에게 종이 되었다(과거 시제. 참조, 롬 6:22). 이것은 신분의 변화를 뜻하는 것으로, 매일의 삶 속에서 드러나야 한다. 이 말씀은 또한 중간 지대가 있을 수 없음을 다시 한번 나타낸다. 그리스도인들은 죄에 대하여 죽었고 더 이상 죄의 종이 아니기 때문에 죄에게 복종해서는 안 된다. 의의 종들이 죄의 종이 된다는 것은 하나님의 계획에 전적으로 위배된다!

6:19 의에게 그리고 하나님께 '종이 된다'는 표현은 어떤 의미에서 옳지 않은데, 그 이유는 하나님은 그의 자녀를 속박하시는 분이 아니기 때문이다. '종'이란 말은 중생하지 않은 사람이 죄와 사탄과 맺은 관계를 나타내는 데 적합하다. 그러나 바울은 대조를 위해 신자에게도 '종'이란 말을 썼다. 이러한 논란이 제기되기 전에 바울은 이 단어를 사용하는 데 대하여 "너희 육신(문자적으로 '너희 몸')이 연약하므로 내가 사람의 예대로 말하노니"라고 설명했다. 바울은 독자들의 영적인 깨달음이 약한 것을 알았기 때문에 이런 인간의 경험으로부터 나온 용어를 사용했다. 그런 다음 그는 16~17절의 주장을 되풀이했다. 바울의 독자들은 구원받기 전에 그들의 몸을 **부정과 불법**(참조, 1:24~27; 6:13)에 내주었다. 그들은 스스로 종이 되었다! 그러나 바울은 이제 과거의 부정을 씻고 자신을 **의에게** 내주어 **거룩함**(완전한 거룩. 참조, 22절)에 이르라고 권고한다.

6:20~23 바울은 죄의 종과 의의 종이 상호 배타적임을 되풀이하여 말

했다(참조, 13, 16절). 그리고 계속해서 의와 하나님의 종 됨의 우월성을 강조했다. 죄의 종 됨으로 얻은 **열매**는 신자가 **부끄러워하는** 것들이다. 그보다 더 심각한 것은 그 마지막이 **사망**이라는 것이다.

믿음으로 복음에 응답하고 예수 그리스도를 영접하면 그 사람에게 있던 것들이 완전히 달라진다. 그는 이제 **죄로부터 해방되어**(참조, 18절) 하나님의 종이 되고, 그 결과로 거룩함에 이른다(참조, 19절). 죄의 삶은 어떤 좋은 열매도 주지 못하나(6:21), 구원은 거룩하고 깨끗한 삶의 열매(22절)를 준다. 죄의 '마지막'(텔로스[τέλος]), 혹은 결과가 사망(21절)인 반면, 구원의 '마지막'은 **영생**이다. 바울은 이 대조들을 이렇게 요약한다. 죄의 삯은(옵소니아[ὀψώνια]는 원래 군인의 급료를 의미한다) **사망**이다(여기에서 사망은 23절에 나오는 '영생'과 대조되는 영원한 사망이다). 이 죽음은 하나님으로부터 영원히 분리되어 지옥에 던져지는 것으로, 불신자들은 그곳에서 영원한 고통을 맛보게 된다(눅 16:24~25). 이는 그들이 쌓은 결과이며, 그들이 지은 죄의 당연한 삯이다(참조, 롬 5:12; 7:13). 그와는 반대로 하나님의 은사(카리스마[χάρισμα]: 선물)는 **영생**이다(참조, 요 3:16, 36). 영생은 우리가 어떤 대가로도 얻을 수 없는 선물이다(참조, 엡 2:8~9; 딛 3:5).

바울은 로마서 6장에서 세 번이나 죄가 사망을 낳는다고 말했다(16, 21, 23절). 그러나 믿는 자들은 죄에서 해방되었으며(18, 22절), 더 이상 죄의 종이 아니고(6, 20절) '의의 종'이다(16, 18~19절. 참조, 13절). 그들은 하나님께 대하여는 살았고(11절), 영생을 소유했기 때문에(23절) 자신들을 하나님께 드리고(13, 19절), 죄가 그들을 주장하지 못하게 하여(6, 11~14, 22절) 하나님을 따라 살아야 한다.

C. 성화에서의 갈등(7장)

신자가 알아야 할 한 가지 사항은 그리스도와 연합한다는 것은 죄에 대하여 죽고(6:2) 하나님께 대하여는 살아 있다고 여기는(6:11) 것을 의미한다는 사실이다. 그 사실은 신자의 생각과 행위 속에서 여전히 그 속성을 드러내는 죄의 본질과는 별개의 문제이다. 이것이 모든 신자들이 성화의 과정에서 겪는 내적 갈등이다.

1. 신자와 율법(7:1~6)

7:1~3 1~6절은 6장 14절과 연결된다. 6장 15~23절은 15절의 질문으로부터 시작되어 곁길로 빠진 삽입 단락이다. 그리스도와 연합한 자는 더 이상 '율법 아래에' 있지 않다(6:14)는 말은 틀림없이 바울의 독자들에게 생소하게 들리지 않았을 터인데, 그 이유는 그들이 율법을 아는 자들이었기 때문이다. 이방인들도 율법이 사람이 살 동안만 그를 주관한다(퀴리유에이[κυριεύει]: 주로서 통치하다. 참조, 6:9, 14)는 원리를 알고 있었기 때문에 이 말은 로마에 있는 유대인 신자들에게 한정된 말이 아니었다. 이것은 자명한 진리이다. 바울은 결혼 관계를 통해 이를 예증했다. 남편 있는 여인(문자적으로 '한 남자 아래 있는 여인')이 그 남편 생전에는 법으로 그에게 매인 바 된다(완료 시제, '매였다' 혹은 '매인 상태이다'). 그러나 그 남편이 죽으면(실제 가능성을 나타내는 가정법) 그녀는 남편의 법에서(문자적으로 '그 남자의 법에서') 벗어난다(완료 시제, '해방되었다' 혹은

'해방된 상태이다'). 그녀는 남편이 살아 있는 동안에 결혼으로 인하여 그에게 매이지만, 남편이 죽으면 결혼 관계에서 벗어난다.

바울은 만일 그 남편 생전에 다른 남자에게 가면 음녀라(미래 시제, '~로 널리 알려질 것이다')고 지적하면서 예증을 계속 이어 갔다. 그러나 남편이 죽으면 그녀는 그 결혼에서 벗어난다(참조, 7:2). 그래서 그녀가 다른 남자에게 갈지라도 음녀가 되지 않는다. 과부가 재혼하는 것은 간음죄에 해당하지 않는다.

7:4~6 바울은 여기에서 결혼의 예증을 믿는 자와 율법의 관계에 적용시켰다. "너희도 율법에 대하여 죽임을 당하였다." 믿는 자는 '죄에 대하여 죽었기'(6:2) 때문에 '죄로부터 해방되는'(6:18, 22) 것처럼, 율법에 대하여 죽었기 때문에 율법으로부터 분리되고 해방된다(6:14. 참조, 갈 2:19). 아내는 남편이 죽으면 더 이상 그와 결혼 관계에 있지 않는 것처럼, 그리스도인도 더 이상 율법 아래 있지 않다. 이 분리는 **그리스도의 몸으로**(그리스도의 십자가 죽음으로) 말미암은 것이다.

결과적으로 그리스도인은 **다른 이 곧 죽은 자 가운데서 살아나신 이**에게 속한다(참조, 롬 6:4, 9). 이는 곧 주 예수 그리스도이시다. 어떤 의미로 보아 믿는 자들은 그리스도의 신부로서 그분과 연합을 이룬다(엡 5:25). 이 모든 것에 있어서 하나님의 의도는 우리가 하나님을 위하여 **열매를 맺게 하려 함이다**(참조, 롬 6:22; 갈 5:22~23; 빌 1:11). 영적으로 살아 있는 사람만이 영적인 열매(거룩한 삶)를 맺을 수 있다(참조, 요 15:4~5). 그리스도와 결혼한 사람은 영적인 자손을 낳을 수 있다. 바울은 2인칭 복수(너희)에서 1인칭 복수(우리)로 바꿔서 자신도 포함시켜 말한다.

바울 사도는 계속해서 "우리가 육신에 있을 때에는(사르크스[σάρξ]는 가끔 죄의 본질을 의미한다. 참조, 롬 7:18, 25) 율법으로 말미암는 죄의 정욕이 우리 지체 중에 역사한다"고 말했다. 이것은 믿는 자의 구원받기 전의 상태를 묘사한 것이다(참조, 6:19). 7장 7~13절에서 설명하듯이, 율법의 금지 조항이 죄의 탐심을 일으켰다. 그런 의미로 보면 구원받지 못한 이방인들도 율법 '아래' 있었다. 결과적으로 그들이 낳은 것은 '하나님을 위한 열매'(4절)가 아니고 '사망'을 위한 '열매'였다. 바울이 거듭 확언한 대로, 죄는 사망을 낳는다(5:15, 17, 21; 6:16, 21, 23; 7:10~11, 13; 8:2, 6, 10, 13).

그러나 이제는 신자들이 그리스도와 연합했기 때문에 율법에 대하여 죽었다. 과부가 결혼의 의무에서 벗어나듯이, 신자들도 죄를 깨닫게 하는 율법에서 벗어났다. 이 '율법에서 벗어나게' 된 것은 율법 조문의 묵은 것으로가 아니라, 영의 새로운 것으로 섬기기('종이 되게'가 더 나은 번역이다. 참조, 6:6, 16[3회], 17~18, 20, 22절) 위한 것이다. 여기서 '영'(Spirit)은 영(spirit)을 뜻하는데, 여기에서는 기록된 문서인 율법(Law)과 대조를 이루기 위해 첫 글자를 대문자로 쓴 것이다. 그렇다면 이 말씀은 신자들이 율법의 '묵은 것'으로 살지 않고 거듭난 영의 '새로운 것'으로 산다는 의미이다. 혹은 이 '영'이 새로운 생명의 원천인 '성령'(Spirit)을 뜻하는 것일지도 모른다(참조, 고린도후서 3장 6절 주해의 '영'과 '문자'에 관한 해설).

2. 율법과 죄(7:7~13)

신자와 그리스도의 연합과 죄에 대한 죽음을 말하는 데 있어서 모세 율법의 개입은 율법과 죄의 관계에 대한 의문을 일으킨다.

7:7~8 "율법이 죄냐"라는 물음에 대한 바울의 대답도 역시 단호한 부정이다. "그럴 수 없느니라"(메 게노이토[μὴ γένοιτο]. 참조, 3:4의 주해). 율법은 죄를 깨닫게 하지만(7:5), 율법 자체가 죄는 아니라는 의미이다. 바울이 나중에 언급했듯이, 율법은 사실 거룩하고(12절) 신령하다(14절). 바울은 계속해서 율법이 죄를 알게 한다는 것을 설명했다(참조, 3:19~20). 이제 바울은 구체적으로 탐내는 것에 대해 말했다. "탐내지 말라"(출 20:17; 신 5:21)는 율법의 금지 조항 때문에 사람들은 더 많은 것을 탐내게 되었다. 바울은 죄의 본질을 알았다. 특히 죄가 탐심으로 그 모습을 드러내는 것과 죄를 아는 것이 율법으로 말미암는다는 사실을 알았다. 바울은 죄가 어떻게 역사하는지를 이렇게 묘사했다. "죄가 기회를 타서(문자적으로 '출발점을 취하여,' 아포르멘[ἀφορμήν]: 군사 작전 혹은 탐험을 위한 기지) 계명으로 말미암아(참조, 롬 7:11) 내 속에서 온갖 탐심을 이루었나니." 죄의 행위를 낳는 원인은 율법이 아니라 개인 속에 있는 죄의 본질 또는 본성이다. 그러나 율법의 특정한 계명들은 죄의 본성을 통해 그 계명들을 거스르는 행위를 하도록 자극하며, 그 행위들을 범죄로 규정한다(4:15; 참조, 3:20; 5:13, 20). 바울의 결론대로, 율법이 없으면 죄가 죽은 것이다. 이것은 율법 없이는 죄가 존재할 수 없다는 뜻이 아니라(참조, 5:13), 율법이 없으면 죄가 드러날 수 없다는 뜻인데, 율법이 '죄의 정욕들'을 일깨워 주기 때문이다(7:5).

사도 바울이 7절에서부터 1인칭 단수를 사용해 개인적인 경험을 말하는 내용은 아주 중요하다. 이때까지 그는 3인칭, 2인칭, 그리고 1인칭 복수형을 사용했다. 이제는 그 진리를 그의 독자들에게 적용시키기 위해 성령의 인도하심을 따라 자신의 경험을 말한다.

7:9~12 어떤 사람들은 "전에 율법을 깨닫지 못했을 때에는 내가 살았더니"라는 바울의 말이 아담의 타락과 모세 율법의 수여 사이의 인류의 실태를 말하는 것이라고 주장한다. 그러나 이에 대한 근거는 없다. 그러므로 이 말은 사도 바울이 어렸을 때 혹은 하나님의 계명의 효력을 완전히 알고 이해하기 전인 청년의 때 개인적으로 경험한 것을 말하고 있는 것이라고 볼 수 있다. '계명이 이르매'라는 표현은 모세 율법의 수여를 말하는 것이 아니라 바울이 회심한 후에 계명의 의미를 깨닫기 시작한 것을 말한다. 그 결과, 속에 있던 죄의 본질이 계명을 거역함으로써 그 모습과 힘을 드러냈다(살아났다). 결과적으로 바울은 그가 범한 율법으로 말미암아 심판의 선언 아래서 영적으로 죽었다(참조, 6:23). "탐내지 말라"는 계명은 사람들에게 어떻게 살아야 하는지를 알려 주려고 주어졌는데, 사람의 마음에 있는 죄 때문에 오히려 그 계명은 실제적으로 죽음을 낳았다.

바울은 7장 8절에서부터 반복해서 죄와 율법과의 관계를 설명한 후, 죄가 자신을 속였다고 선언한다. 법이 없으면 죄의 원리는 작동을 멈추고 드러나지 않는다. 그러나 율법의 계명이 있으면 죄가 그것을 이용해서 사람의 행위에 영향력을 행사한다. 그래서 이 죄가 그를 속이고(엑세파테센 [ἐξηπάτησεν]: 그를 미혹시켰다. 참조, 고후 11:3; 딤전 2:14), 육적으로 그리고 영적으로 그를 죽였다. 죄는 속에 있는 개인적인 원수와 같다(참조, 창 4:7). 율법은 죄가 아니라(롬 7:7) 거룩한 것이다. "탐내지 말라"는 계명(율법 전체를 대표함)도 거룩하고 의로우며 선하다.

7:13 죄와 율법의 관계를 명백히 밝히려고 노력했음에도 불구하고 또 다른 오류가 발생할지 모른다고 생각한 바울은 계명의 선한 속성을 들어, "그런즉 선한 것이 내게 사망이 되었느냐"라고 물었다. 또다시 그는 단

호하게 부인하고("그럴 수 없느니라"[메 게노이토, μὴ γένοιτο]. 참조, 3:4의 주해) 나서 설명을 계속한다. 율법이 아니라, 죄의 원리가 사람을 죽인다(5:12). 죄가 계명, 곧 선한 것을 사람 안에서 계속하여 사망을 낳는 대리자(도구)로 사용하기 때문에 죄가 심히(문자적으로 '대단히') 죄 된 것으로 나타난다. 죄의 내적 원리 혹은 본질이 하나님의 율법의 계명들(그 자체로는 '거룩하고 의로우며 선한 것'이다)을 사용하여(부분적으로, 또는 전체적으로) 하나님을 반역하게 함으로써 진정한 본성을 드러내며 개인들 속에서 그 힘을 나타낸다.

3. 신자와 죄(7:14~25)

7:14 개인의 성화 과정에서 발생하는 갈등을 이해하려면 신자와 그 속에 거하는 죄의 관계를 알아야 한다. 이 구절에서 바울은 앞(7~13절)에서 다룬 주제에서 다음 주제로 전환한다. 율법은 신령하다(참조, 12절)는 말은 바울이 앞서 주장한 내용의 결론일 뿐 아니라 사람들 사이에서도 받아들여진 사실이다. 율법은 영이신 하나님께로부터 왔으며(요 4:24) 인간의 삶을 향한 하나님의 뜻을 나타낸다. 바울은 자신을 예로 들어 "나는 육신에 속하였다"(사르키노스[σαρκινός]: 육체로 만들어진)라고 문제점을 고백했다. 또한 자신이 **죄 아래에**(참조, 롬 3:9) **팔렸다**(완료 시제, '팔린 상태로 남아 있다')고 말했다.

바울은 계속 미완료나 부정과거 시제를 사용해 오다가 개인적인 경험을 이야기하는 이 단락(14~25절)에서는 줄곧 현재 시제를 사용한다. 그렇게 함으로써 그는 끊임없이 그의 삶을 주장하는 죄를 마음속에 품은 그리스도인으로서 느끼는 현재의 갈등을 묘사하려고 했음이 분명하다.

"죄 아래에 팔렸도다"라는 표현은 거듭나지 못한 사람을 묘사한다. 그러나 죄는 신자들 안에도 거하고 있다. 그리고 신자들도 여전히 육체의 죽음이라는 죄의 형벌의 지배를 받고 있다. 결과적으로 속에 있는 죄는 그 사람이 그리스도인이 된 후에도 그것의 소유라고 주장할 기회를 끊임없이 탐색하고 있다.

7:15~17 바울은 "내가 행하는 것을 내가 알지 못하노니"(문자적으로 "내가 만들어 내는 것을 알지 못한다")라고 고백한다. 그는 마치 자기가 왜 잘못된 일을 하는지에 대해 정직하게 "나는 모릅니다"라고 대답하는 작은 소년과 같다. 어떤 사람의 행위들은 그가 실제로 이해할 수도 없고 설명할 수도 없는 어느 누군가 혹은 무엇인가의 지시에 따른 것이다. 바울은 계속해서 자기가 처한 곤경을 보여 준다. "내가 원하는 것은 행하지 아니하고(문자적으로 "내가 원하고 있는 것을 나는 행하지 않고 있다." 프랏소[πράσσω]) 도리어 내가 미워하는 것을 행함이라"(문자적으로 "내가 미워하고 있는 것을 나는 행하고 있다." 포이오[ποιῶ]). '행하다'로 번역되는 두 개의 헬라어 동사 사이에는 의미의 차이가 없는데(비록 다른 곳에서는 그 차이가 중요하게 여겨지지만), 그 이유는 이 두 동사가 19절에서는 서로 위치를 바꾸기 때문이다. 이런 말은 높은 도덕과 윤리적 동기를 가진 거듭나지 않은 사람의 입에서나 나올 법한 말이지만, 거듭난 사람의 입에서도 나올 수 있는 말이다. 여기에서 바울이 믿는 자로서 자신의 경험을 말하는 것이 아니라고 결론지을 아무런 근거가 없다. 바울은 "내가 이로써 율법이 선한 것을 시인하노니"라고 말했다. 여기에서 '선한'에 해당하는 헬라어 칼로스(καλός)는 '아름다운, 고상한, 뛰어난'이라는 뜻인 데 반해, 12절에 나오는 '선하도다'의 아가쎄(ἀγαθή)는 '유용한, 정직한'이라는

뜻이다. 바울은 16절의 고백을 근거로 "이제는 그것을 행하는 자가 내가 아니요(문자적으로 "더 이상 나 자신이 그것을 만들지 않는다." 참조, 15절) 내 속에 거하는 죄니라"(문자적으로 "그러나 내 속에 내주하는 죄")고 결론짓는다. 이것은 바울이 자신의 행위에 대한 책임을 회피하려고 하는 말이 아니다. 자신이 원하는 것과 자신 속에 있는 죄 사이에 생기는 갈등을 말하고 있는 것이다.

7:18~20 바울의 경험은 "율법은 선하다"(16절)라고 확신하게 했다. 그는 또한 "내 속에 선한 것이 거하지 아니하는 줄을 아노니"라고 결론짓는다. 그리고 곧바로 '내 속에'란 말이 '내 육신에'(사르키[σαρκί]. 참조, 5, 25절)를 의미한다고 설명했다. 이것은 육체적 혹은 물질적인 몸이 아니라, 그 사람의 마음과 몸을 통해 스스로를 드러내는 죄의 본질을 말한다.

바울은 이 결론을 뒷받침하려고 "원함은 내게 있으나("원하는 것이 나와 함께 있다" 혹은 "원하는 것이 내 옆에 놓여 있다") 선을 행하는 것은 없노라"(문자적으로 "그러나 결과는 선한 것이 아니다")고 설명했다. 그런 다음 바울은 약간 다른 말로 15절 후반부의 말을 반복했고, 20절에서는 17절에서 말한 것을 효과적으로 반복했다. 바울은 자기가 믿는 자임에도 불구하고 자신 속에는 그를 종으로 소유했던 죄의 원리가 숨어 있으며, 그것이 여전히 그가 **원치 않는** 바를 행하고 원하는 바를 행치 아니함으로써 그를 통해 스스로를 드러내고 있음을 깨달았다. 이것은 모든 신자들에게 있는 공통된 문제이다.

7:21~23 바울은 자신의 경험을 통해 배우려고 노력한 사람이었다. 이제 그는 "내가 **한** 법을 깨달았노라"고 말했다. 이것은 물론 모세의 율법

이 아닌 경험으로부터 나온 원리이다. 8장 2절에서 말하는 '법'(노모스[νόμος])도 원리를 의미한다. 이 법 혹은 원리는 어떤 사람이 **선을 행하기**를 원할 때마다 그 사람 속에 항존하는 악의 실재이다. 바울은 "하나님의 법을 즐거워하는"(참조, 7:25) 속마음을 굳게 간직하고 있다. '내 속사람으로는'은 문자적으로 '속사람을 따라서는'이다('속사람'을 뜻하는 헬라어는 고린도후서 4장 16절과 에베소서 3장 16절에도 사용되었다). 하나님의 법을 즐거워하는 것은 시편 저자의 응답으로, 시편 119편(예를 들어 16, 24, 47절. 참조, 시 1:2)에서 반복되어 나온다. 신자는 중생을 통해 영적 진리들을 위한 새로운 능력을 소유한다. 그러나 바울은 경험을 통해 자신 속에 **역사하는 다른 법**(혹은 원리)을 보았다. 바울은 그것을 '내 속에 거하는 죄'(롬 7:17, 20), 나와 함께 있는 '악'(21절), 그리고 '육신'(5, 18, 25절)이라고 불렀다.

이 원리는 계속해서 두 가지 일을 하고 있다. 신자의 **마음의 법과 싸우는 것**과 그의 **지체 속에 있는 죄의 법으로 그를 사로잡는 것**이다. 속에 거하는 죄의 원리는 믿는 자에게 승리를 얻어 그를 주장하려고(참조, 14, 25절의 '종'과 6장 17, 19~20절의 '종들') 끊임없이 믿는 자의 새로운 본질과 그의 행위에 대항하여 전선을 펼치고 있다. 그 새로운 본질은 '마음(누스[νοός]. 참조, 7:25)의 법'이라고 불리는데, 그것이 도덕적인 판단을 내리고 깨달을 수 있는 능력을 가졌기 때문이다. 신자는 예수 그리스도의 죽으심과 부활에 참여했고 그리스도와 같은 자세와 행위를 보이려고 노력하는데도 불구하고, 자신의 능력으로 속에 있는 죄의 본질에 대항할 수가 없다. 그는 거듭하여 패배와 좌절을 자신 안에서 홀로 경험한다.

7:24~25 바울은 이 좌절감을 "오호라 나는 곤고한 사람이로다!"라는 탄

식으로 표현했다. 자신에 대한 바울의 이 묘사가 요한이 환상으로 본 라오디게아 교회에 대한 묘사("네 곤고한 것"[계 3:17])와 같다는 사실은 의미심장하다. 사도 바울은 "이 사망의 몸에서 누가 나를 건져 내랴"라고 물었다. 그는 자기가 부패한 몸에 거하는 동안에는 속에 거하는 죄의 원리와 싸우지만 자신의 힘으로는 패배할 것을 알았다. 여기서 그는 '사망의 몸'이라고 표현했고, 로마서 6장 6절에서는 '죄의 몸'이라고 표현했다. 이는 죄가 사람의 몸을 통해 역사하여(참조, 6:6, 12~13, 19; 7:5, 23) 사망에 이르게 한다(6:16, 21, 23; 7:10~11, 13; 8:10)는 뜻이다.

이 물음에 대한 바울의 답변은 의기양양하며 즉각적이다. "우리 주 예수 그리스도로 말미암아 하나님께 감사하리로다!" 바울은 이 대답 속에서 자신의 백성을 위한 예수 그리스도의 최후의 승리를 바라보고 있다. 신자들은 바로 지금 여기에서 믿음으로 말미암아 예수 그리스도의 죽음과 부활에 참여한 것처럼, 장차 새로운 몸을 입고 모든 영원한 것을 위하여, 곧 죄로부터의 영원한 분리(8:23; 빌 3:20~21)를 위하여 부활하시고 높이 올라가신 주님과 연합하게 될 것이다. 그때까지 신자들은 이 세상에서 마음(노이[νοῦ]. 참조, 로마서 7장 23절의 누스[νοός])으로는 하나님의 법을 섬기는 종으로, 육신(사르키[σαρκί]. 참조, 15, 18절)으로는 죄의 법을 위하는 종(참조, '죄의 종'[14절])으로 살아간다. 죄로부터 해방되기를 기다리는 동안, 신자들은 여전히 자신의 거듭난 마음(새로운 본질 혹은 능력)과 죄의 본질 혹은 능력 사이에 일어나는 갈등을 겪는다.

D. 성화를 위한 능력(8:1~17)

8:1 "그러면 신자는 자기 속에 거하는 죄에게 계속 패배하면서 평생을 좌절 속에 보내야 하는가?"(7:21~25), "신자가 승리할 수 있도록 부여되는 능력은 전혀 없단 말인가?"라는 질문이 제기된다. 이 두 가지 질문에 대한 대답은 모두 "아니다"이다. 8장에서 바울은 성화를 위한 하나님의 능력의 근원이자 매일의 영적 승리를 위한 비밀인 우리 속에 내주하시는 성령의 사역을 묘사한다. 먼저 바울은 독자들에게 "그러므로('우리 주 예수 그리스도로 말미암아'[7:25] 구원을 얻었으므로) 그리스도 예수 안에 있는 자에게는 결코 정죄함(카타크리마[κατάκριμα]: 심판)이 없나니"라고 선언한다. 그것이 그들의 믿음의 결과요 그리스도와 연합한 결과임을 상기시켰다(참조, 6:13; 요 5:24). 그들은 의롭다 하심을 얻었으므로 하나님의 진노하심(1:18) 아래 있지 않고, 그분의 은혜 안에 있으며(롬 5:2) 영생을 소유하게 되었다(5:17~18, 21). 그리스도는 믿음으로 그분과 연합한 모든 사람을 위한 안전지대이다. 권위 있는 헬라어 사본에서는 8장 1절이 여기서 끝난다. 일부 사본에 나타나 있는 "그들은 육신을 따르지 않고 그 영을 따라 행한다"라는 말은 아마 4절에서 베껴 쓴 것으로 추정된다.

8:2 '이는'(가르[γάρ]: ~때문에)은 이 구절의 "그리스도 예수 안에 있는"을 1절의 "그리스도 예수 안에 있는"이라는 동일구와 연결시킨다(2절의 헬라어 문장 순서로 보면 "그리스도 예수 안에"가 "생명의 성령의 법" 다음에 온다). 7장 7~25절이 신자로서 자기 속에 있는 죄와의 싸움을 묘사하

는 바울의 증언이라면, '생명의 성령'은 모든 신자가 받는 새로운 영이 아니라 하나님의 성령을 일컫는 것이다. 그 성령은 삼위 하나님으로서 모든 믿는 자들을 중생시키며(딛 3:5) 새로운 생명(요 3:5~8), 곧 그리스도의 부활의 생명(롬 6:4, 8, 11)을 부여하시는 분이다. 바울은 5장 5절에서 처음 성령에 대해 언급하고 이 구절에서 두 번째로 성령에 대해 언급하는데, 8장 27절까지 대략 18번이나 성령을 말한다. 그 성령의 법(원리. 참조, 7:23)이 우리를 죄와 사망의 법에서 해방시켰다(헬라어 부정과거는 구원에 있어서 자유를 주는 일회적인 행위를 의미한다). 후자의 원리가 '죄와 사망의' 원리라고 불렸다. 그 이유는 바울이 거듭 말하는 것처럼, 죄가 사망을 낳기 때문이다(5:15, 17, 21; 6:16, 21, 23; 7:10~11, 13; 8:6, 10, 13). 그것은 성령과 대조되는 죄의 원리이다. 그것은 생명을 가져다주는 성령과 대조되는, 죽음을 가져다주는 원리이다. 어떤 헬라어 사본에는 대명사 '너를' 대신에 '우리를'이, 다른 사본에는 '나를'이 사용되었는데, 그 차이는 별로 중요하지 않다. 그 진리는 모든 신자에게 적용되기 때문이다.

8:3~4 해방된 사실에 대해 쓴 바울은 이제 그것을 얻는 방법을 설명한다. 그는 율법(모세 율법)을 통해서는 죄를 이기고 자유를 얻는다는 것이 불가능하다고 다시 지적한다. 율법은 죄에서 우리를 해방시킬 힘이 없다. 율법은 선하므로(7:12) 그 자체가 약하지는 않다. 그러나 죄로 물든 인간의 본성 때문에('육신으로 말미암아') 율법은 인간을 죄로부터 해방시킬 수 없다. '육신'은 사르크스(σάρξ)를 번역한 것으로, 인간의 타락 혹은 인간의 연약함을 의미할 수 있다(참조, 7:5, 18, 25; 8:4~5, 8~9, 12~13).

그러나 하나님은 자기 아들을 죄 있는 육신의 모양으로(문자적으로 '죄의 몸의 형상으로') 보내셔서 죄를 이기고 해방을 이루셨다. 예수님은 죄 있는 육신으로 보내심을 받은 것이 아니라 죄 있는 육신과 같은 모습으로 보내심을 받았다. 그의 인성(人性)은 아담 때부터 시작하여 모든 인간을 괴롭혀 온 죄의 원리로부터 방어되고 보존되었다(참조, 눅 1:35). 예수님은 또한 문자 그대로 '죄로 말미암아' 혹은 '죄 때문에'(페리 하마르티아스 [περί άμαρτίας]. NIV 성경에는 "속죄 제물이 되기 위해"라고 번역되어 있다) 보내심을 받았다. 달리 말하자면, 그분이 죄에 대하여 무엇인가 하기 위해 오셨다. 그분이 하신 일은 죄를 정죄하는 것이다. 그분은 십자가 위에서 죽으심으로 **죄를 정하셔서**(카테크리넨[κατέκρινεν]: 법정 선언을 하다. 참조, 카타크리마[κατάκριμα : 정죄. 롬 8:1]) 그리스도 안에 있는 자들은 정죄당하지 않는다. 이 일의 목적은 신자들이 육신을 따르지 않고 그 영을 따라 행하게 함으로써 **율법의 요구**(거룩한 삶, 레 11:44~45; 19:2; 20:7)가 이루어지게 하려는 것이다. 죄의 권세에서 해방되는 것은 예수 그리스도의 죽으심으로 말미암지만, 매일의 행위 속에서 그것을 경험하는 것은 성령의 능력을 통해서 온다.

8:5~8 바울은 여기에서 "육신을 따라 행하는 것과 그 영을 따라 행한다는 것이 무슨 뜻이냐?"라는 질문을 예상하고 설명을 이어 간다. 전자는 육신의 일을 **생각하는 것**(프로누신[φρονοῦσιν]: 계속 마음에 두다, 계속 열망하다[현재 시제])을 의미한다. 불신자들은 오직 자신의 죄악된 유익에만 관심을 두고 하나님에 대해서는 아무런 관심도 없다. 그러나 그 영을 따라 행하는 자들은 정반대이다. 그들은 성령의 일을 열망하고 마음으로 좇는다. 육신과 우리 속에 거하시는 성령은 서로 갈등한다(갈 5:17).

그러면 육신의 생각을 품은 사람과 영의 생각을 품은 사람의 차이점은 무엇인가? 바울은 다시 설명한다. 육신의(테스 사르코스[τῆς σαρκός]) **생각**(프로네마[φρόνημα]: 마음 자세, 열망)은 **사망**이다. 즉 그것은 죽음과 동일하며, 모든 형태의(육체적인 그리고 영적인) 죽음을 낳는다. 그러나 영의(문자적으로 '성령의') 생각(프로네마[φρόνημα])은 직접적으로(5:1) 그리고 궁극적으로 **생명**(영원한 부활의 생명)과 **평안**이다. 7~8절에서 바울은 육신의 생각에만 초점을 맞추어 왜 그것의 결말이 사망이라고 말했는지(6절) 설명한다. (1) 그것은 하나님과 원수가 된다(참조, 5:10). (2) 그것은 하나님의 법에 굴복하지 않는다(현재 시제, '굴복하지 않고 있다'). (3) 그것은 굴복할 수 없다. 육신의 생각을 따르는 자들은 하나님을 기쁘시게 할 수 없다(현재 시제, '불가능하다')는 것이 결론이다. 구원받지 못한 자들은 영적인 생명과 능력이 없는 텅 빈 삶을 영위한다. 육신에 복종하는 믿는 자도 구원받지 못한 자들과 같이 행동한다(참조, 고전 3:3).

8:9~11 두 가지 형태의 사람들에 관해 객관적으로 말한 후에, 바울은 이제 독자들에게 향한다. "만일(에이페르[εἴπερ]: 만약에 사실이라면. 참조, 17절) 너희 속에 하나님의 영이 거하시면(현재 시제, '거하고 계시다.' 참조, 11절) 너희가 육신에 있지 아니하고 영에 있다." 내주하시는 성령께서는 신자에게 전적으로 다른 생명을 주신다(고후 5:17). 그 역 또한 사실이다. "누구든지 그리스도의 영이 없으면 그리스도의 사람이 아니다." 오직 성령만이 영적인 생명을 주시기 때문에, 그 성령을 떠나서는 어떤 사람도 하나님과 연결될 수 없다.

'하나님의 영'이라는 표현이 '그리스도의 영'으로 바뀐 것은 예수 그리스도의 신성을 강조한다. 이 진술은 또한 신자가 예수 그리스도 안에 있다는 사실의 증거가 성령의 내주하심이라는 것을 분명히 밝히고 있다(참조, 요일 3:24; 4:13). 또 다른 중요한 사실은 10절이 그리스도의 내주하심("그리스도께서 너희 안에 계시면")과 성령의 내주하심(9, 11절)을 동일시한다는 점이다. 나아가서 이것은 성경적으로 삼위일체의 교리를 뒷받침한다. 10절은 9하반절, 11절과 같이 사실을 가정하는 가정문이다. '~면'은 '~때문에'로 이해할 수 있다. 그리스도께서 내주하신 결과, "몸은 죄로 말미암아 죽지만(혹은 '사망의 지배를 받으나.' 참조, 7:24) 영은 의로 말미암아 산다. 하나님이 부여하신 의로 인해 신자는 영적으로 산다. 비록 신자의 몸은 후패하나, 내주하시는 성령과 예수 그리스도를 통해 하나님의 영원한 생명을 공급받는다.

이제 바울은 훨씬 더 나은 약속에 대해 말한다(11절). 하나님은 예수를 죽은 자 가운데서(문자적으로 '죽은 자들로부터.' 참조, 4:24; 6:4) 살리셨기 때문에 그분의 영이 거하시는 신자들에게(참조, 8:9) 그의 영으로 말미암아 그들의 죽을 몸도 살리시겠다고 약속하신다. 다시 말해, 하나님은 신자들의 죽을 몸을 위해 지금 영적인 부활의 생명을 주시고(6:4, 8, 11), 그 죽을 몸을 위해 장래에는 육체적인 부활의 생명을 주겠다고 약속하신다(6:5; 고전 6:14; 15:42, 53; 고후 4:14).

8:12~14 바울은 결론적으로 앞에서 논한 내용을 기초로 적용할 사항을 제시한다. "그러므로 … 우리가 빚진 자로되." 모든 신자의 의무는 확실한 것이다. 바로 매일 성령의 주관하심과 그 능력 안에서 사는 것이다. 바울은 우선 이 진리를 부정적으로 표현했다. "육신에게 져서 육신대로 살 것이 아니니라." 그리스도인은 육신의 이끌림과 욕망을 따르지 말고 거절해야 한다. 자신의 삶에서 죄가 그 형태를 드러내지 못하도록 노력해야 한다(참조, 딛 2:12). 그 이유는 육신에 따른 삶의 방식은 사망을 낳기 때

문이다. 이 말은 믿는 자가 죄를 지으면 지옥의 영원한 죽음을 맞이할 것이라는 말이 아니라 영적인 생명을 누리지 못할 것이라는 말이다. 그는 마치 구원받지 못한 사람처럼 보일 것이고(고전 3:1~4), 성령의 내주하심을 즐거워할 수 없게 될 것이다. '죽을 것이다'는 문자적으로 '죽으려 하고 있다,' '죽기 직전에 놓여 있다'라는 말이다.

반면에 "영으로써 몸의 행실을 죽이면"(현재 시제, '죽이고 있으면') 살 것이다. 상당히 많은 헬라어 사본들이 '몸'(body) 대신에 '육신'(flesh)을 쓴다. 몸(body)은 그 사람의 죄성을 드러내는 매개물이다(참조, 롬 6:6, 13). 믿는 자는 오직 성령의 능력으로만 예전의 죄를 죽일 수 있다(참조, 엡 4:22~31; 골 3:5~9). 이것은 바울이 "너희 자신을 죄에 대하여는 죽은 자로 여길지어다"라고 말할 때 언급했던 것이다(롬 6:11).

바울은 설명을 계속한다. "하나님의 영으로 인도함을 받는(현재 시제, '인도받고 있는') 사람은 곧 하나님의 아들이라." 많은 성경학자들은 14절에서 '아들'(sons)이라고 번역된 단어와 16절에서 '자녀'(children)라고 번역된 단어 사이에는 아무런 차이가 없다고 말한다. 그러나 16절에서는 성령의 내주하심이 신자들의 출생과 하나님의 관계(테크나[τέκνα: 문자적으로 '태어난 자녀들'])를 입증하고, 14절에서는 성령의 주관하심과 인도하심이 하나님의 가족 안에서 신자들이 '아들'(휘오스[υἱός]: 가족의 권리와 의무를 감당할 만큼 충분히 성숙한 '아이')로서 가진 권리들을 입증한다. 하나님의 가족 안에서 아들은 하나님의 영의 인도함을 받는다.

8:15~17 두려움에 종노릇하게 하는 죄의 주관함과는 대조적으로, 신자들은 양자의 영을 받았다. '양자'(휘오쎄시아스[υἱοθεσίας])라고 번역된 단어는 '아들로 정함'이란 의미이다(23절). 신자는 양자이지(갈 4:5; 엡

1:5) 종이 아니다(갈 4:7). 그래서 그들은 죄(혹은 두려움)의 종이 될 필요가 없다. 신약 시대에 양자는 본래의 아들들과 동일한 권리를 누렸다. 그래서 신자들은 종처럼 주인을 두려워하고 위축되는 대신 하나님을 '아빠 아버지'라고 친밀하게 부르면서 그분께 나아갈 수 있다. '아빠'(abba)는 '아버지'라는 아람어를 헬라어와 영어로 번역한 것이다(신약성경에서는 이곳 외에 마가복음 14장 36절, 갈라디아서 4장 6절에만 사용되었다). 신자들은 아들로서 하나님의 양자가 된 것 외에도, 새로 태어남으로 말미암아(요 1:12; 요일 3:1~2) 하나님의 자녀가 되었다(테크나[τέκνα]: 태어난 자녀). 그리고 신자들에게 생명을 주시는 성령께서 그들의 영과 더불어 이 새로운 탄생의 사실을 증언하신다.

    자녀들은 부모의 재산을 상속받는다. 자녀들 모두가 공동 상속자들이다. 이와 마찬가지로 그리스도인은 하나님의 자녀이기 때문에 하나님의 상속자이며(참조, 갈 4:7), 그리스도와 함께한 공동 상속자이다. 그들은 현재 모든 영적인 복을 수령하고(엡 1:3), 장차 주 예수와 함께 하나님 나라의 모든 부요함을 공유할 것이다(요 17:24; 고전 3:21~23). 여기서 예수 그리스도와 함께한다는 것은 예비된 하늘의 영광을 함께한다는 것 외에 다른 것도 포함한다. 예수 그리스도께서 고난과 모욕과 십자가의 죽음을 당하셨기 때문에 그리스도와 함께 공동 상속자가 된 자들은 고난도 함께 받아야 한다(참조, 요 15:20; 골 1:24; 딤후 3:12; 벧전 4:12). 실제로 신자들은 그분의 고난에 참여한다. '~이면'은 에이페르(εἴπερ)를 번역한 것으로, '만약 사실이라면'을 뜻한다(참조, 롬 8:9). 고난 후에야 신자들은 그분의 영광에 참여할 것이다(딤후 2:12; 벧전 4:13; 5:10).

E. 성화의 목표(8:18~27)

8:18 어떤 의미에서 이 구절은 신자들이 장래에 그리스도의 영광의 상속자가 됨을 확신하는 앞 문장의 결론이다. 바울은 장차 그리스도의 영광에 참여하려면 이 세상에서 '그의 고난'에 참여해야 한다는 것을 상기시켰다. 그리고 이제 "현재의 고난은 장차 우리에게 나타날 영광과 비교할 수 없도다"라고 결론지었다. 장래의 영광은 너무나 거대해서 현재의 고난과는 비교할 수 없다. 그 영광은 영원한 반면에 고난은 일시적이며 가볍다(고후 4:17). 확실히 이 진리는 고난을 견디고 있는 신자들에게 도움을 준다. 이 구절은 신자들과 피조물이 (그들의 고난과 장래 영광의 측면에서) 갖는 관계를 언급하는 다음 단락의 주제문이기도 하다.

8:19~21 인간과 피조물의 관계는 아담의 타락 후에 주어진 하나님의 심판 선언으로 세워졌다(창 3:17~19). 바울은 이 관계 속에 인간을 위한 하나님 구원 계획과 연관된 측면이 있음을 나타낸다. 그는 "피조물이 하나님의 아들들이 나타나기를 고대한다"고 선언한다. 이는 문자적으로 "피조물이 간절한 기대(아포카라도키아[ἀποκαραδοκία]는 신약성경에서 이곳 외에 빌립보서 1장 20절에서만 사용되었다)로 계속해서 열심히 기다리고 있다"라는 뜻이다. 동사 '고대하다'(아페크데코마이[ἀπεκδέχομαι])는 신약성경에서 일곱 번 나오는데, 모두 그리스도의 재림을 말하는 데 사용된다(롬 8:19, 23, 25; 고전 1:7; 갈 5:5; 빌 3:20; 히 9:28). 그리스도께서 자기 사람들에게 다시 오실 때 하나님의 아들들이 나타날 것이다.

그들은 그분의 영광에 참여할 것이며(롬 8:18; 골 1:27; 3:4; 히 2:10) 변형될 것이다(롬 8:23). 모든 피조물은 (생명이 있건 없건) 그때를 고대하는 존재로 인격화된다.

이렇게 열렬히 기다리는 이유가 20절에 나온다. **피조물이 허무한 데 굴복했기 때문이다.** 헬라어 마타이오테티(ματαιότητι : 무익, 덧없음, 무의미함. 참조, 엡 4:17; 벧후 2:18)는 모든 피조물 안에 세력을 떨치고 있는 변질과 '부패'를 말한다(참조, 롬 8:21). 피조물은 **자기 뜻대로** 할 수 없기에 이것은 자발적인 굴복이 아니다. 그것은 전능하신 창조주, 곧 **굴복하게 하시는** 하나님의 명령이었다(굴복시키는 자는 어떤 사람들이 주장하듯이 아담이 아니라 하나님을 말한다). 그러나 아직도 피조물은 소망 중에 있는데, 이는 그 '허무한 것'이 없어질 그날을 기다린다는 의미이다(참조, 24~25절). 하나님은 인간의 죄 때문에 인간과 함께 모든 피조물을 전부 심판하셨다(창 3:14, 17~19).

인간을 위한 하나님의 구원 계획이 성취되고 하나님의 **자녀들이** 죄와 사탄과 육신적인 부패에서 벗어나 **영광의 자유**에 이르게 될 때, 피조물도 **썩어짐의 종노릇한 데서 해방될** 것이다. 하나님은 죄 때문에 인간에게 내리신 심판의 하나로 피조물을 저주하셨는데, 그것은 인간을 하나님의 대리자로 피조물 위에 세우시고 권위를 부여하셨기 때문이다(창 1:26~30; 2:8, 15). 인간을 위한 하나님의 구원 계획은 새 창조이기 때문에(고후 5:17; 갈 6:15), 피조 세계도 역시 재창조될 것이다(계 21:5). 이것은 두 단계로 나타날 것이다. 첫째는 주 예수의 지상 재림과 메시아 왕국 건설에 관련된 현재 세계의 회복이다(사 11:5~9; 35:1~2, 5~7; 65:20, 25; 암 9:13). 둘째는 '새 하늘과 새 땅'의 창조이다(계 21:1. 참조, 벧후 3:7~13).

8:22~23 어떤 의미에서 22절은 저주받은 피조물의 현재 상태를 요약하는, 앞 문장에 대한 적절한 결론이다. 바울은 "피조물이 다 이제까지 함께 탄식하며 함께 고통을 겪고 있는 것을 우리가 안다"(오이다멘[οἴδαμεν]: 지각의 발달로 계속 아는 상태)고 말했다. 여기에서 강조된 '함께'는 23절에 분명히 언급된 그리스도 안에 있는 신자들이 아니라 모든 피조물을 포함한다. 그리고 22절은 죄의 저주로 인한 고통에서 해방될 미래의 소망을 말하는 이 새로운 단락을 이끈다.

바울은 신자들이 겪는 '현재의 고통'(18절)을 말함으로써 이 부분을 시작하는데, 이 주제는 23절에서 다시 반복해서 말하는 주제이다. 여기에서 신자들은 **성령의 처음 익은 열매**를 받은 자들로 묘사된다. 이것은 동격 관계로, 성령이 곧 하나님의 구속 사역과 신자들 안에 이루어지는 재창조의 '처음 열매'(아파르켄[ἀπαρχήν])임을 의미한다. 다른 곳에서는 성령을 '우리 기업의 보증'(엡 1:14. 참조, 고후 1:22)이라는 비슷한 개념을 가진 말로 소개한다. '첫 열매'는 처음 익은 곡식들의 첫 수확이다. 이는 앞으로 있을 더 많은 추수를 미리 맛보는 것 혹은 그 약속이다. 이와 같이 신자들 안에 내주하시는 성령 하나님은 하나님 앞에서의 영원한 삶을 비롯해 신자들이 누릴 더 많은 복을 미리 맛보게 하신다.

'현재의 고통' 때문에(롬 8:18) 신자들은 피조물처럼 속으로 탄식하여(참조, 22절; 고후 5:2) 양자 될 것 곧 몸의 속량을 기다린다(아페크데코마이[ἀπεκδεχόμαι]에서 파생된 단어로, 19, 25절에 사용되었다). '양자'(휘오쎄시안[υἱοθεσίαν]: 아들로 정함)는 믿음으로 받은 하나님의 은혜의 결과로, 신자와 하나님의 합법적인 관계를 묘사한다(그러나 중생은 다시 태어남(거듭남)의 결과로, 신자와 하나님의 관계를 묘사한다). 이스라엘은 하나님에 의해 양자로 받아들여졌는데(9:4), 이것은 하나님과 맺은 언약의 실현이었다(신 7:6~9).

한편으로 신자는 '양자의 영을 받았기' 때문에(롬 8:15) 이미 양자로 받아들여졌고 하나님의 아들이 되었다(갈 4:6~7). 다른 한편으로는 23절에서 말하는 것처럼, 여전히 양자 됨의 성취, 곧 그들의 몸의 '구속'(아폴뤼트로신[$\alpha\pi o\lambda\acute{u}\tau\rho\omega\sigma\iota\nu$]: 어원학적으로 이 단어는 속전[뤼트론, $\lambda\acute{u}\tau\rho o\nu$]을 치름으로써 성취되는 석방 혹은 구원 혹은 해방을 뜻한다. 참조, 3:24의 주해)을 기다리고 있다. 이것은 '하나님의 아들들의 나타남'(8:19)과 '하나님의 자녀들의 영광의 자유'(21절)라고 표현되었다. 그것은 교회의 휴거 때에 일어날 것이며, 그때 신자들은 올리어져 영광스러운 몸으로 변화될 것이다(고전 15:42~53; 고후 5:1~5; 빌 3:20~21; 살전 4:13~18). 바울은 그날을 '구속의 날'(엡 4:30)이라고 불렀다.

8:24~25 하나님은 신자의 몸이 결국은 죄로부터 해방될 것이고, 그 일이 아들의 사역으로 이루어질 것을 분명하게 약속하셨다. 믿음으로 이 약속에 응답하는 자들은 소망, 곧 몸의 구속에 대한 확실한 기대를 가진다(참조, 갈 5:5). 이것은 구원의 마지막 단계이다. "우리가 구원을 얻었으매"라는 표현은 분명한 소망을 의미한다. 몸의 구속(롬 8:23)은 분명히 아직 성취되지 않았지만("보는 것을 누가 바라리요"), 현재의 고통 가운데서도(18절) 참음으로(문자적으로 '인내를 통해') 기대하고 간절히 기다리는 것이다('기다리다'는 아페크데코마이[$\alpha\pi\epsilon\kappa\delta\acute{\epsilon}\chi o\mu\alpha\iota$]에서 파생되었다. 참조, 19, 23절).

8:26~27 여기에서는 신자들이 그들의 고난(18절)과 탄식(23절) 가운데 홀로 남겨지지 않았다는 사실을 언급한다. 성령은 우리의 연약함을 도우

신다(현재 시제, '계속 돕고 계신다'). 이 말은 성령께서 그리스도인들이 연약할 때만 이따금씩 도우신다는 말이 아니다. 그들은 항상 연약한 상태에 있으며, 성령께서는 계속하여 그들을 도우신다. 여기서 '연약함'(아스쎄네이아[ἀσθενεία])이라는 단어는 '속으로 탄식하여'(롬 8:23)라는 표현이 말하듯이 육체적, 정서적, 그리고 영적 무능을 포함한다. '도우시나니'는 쉰안틸람바네타이(συναντιλαμβάνεται)를 번역한 것으로, 어떤 사람이 무거운 짐을 옮기는 다른 사람을 돕는 모습을 그리는 귀중한 단어이다(다른 곳에 사용된 예는 없고, 신약성경에서는 이 구절과 누가복음 10장 40절에만 사용되었다).

그들이 연약하다는 한 가지 증거는 마땅히 기도할 바(문자적으로 '반드시 기도해야 할 것')를 알지 못한다는 사실이다. 그들은 연약하여 기도할 내용도, 방법도 알지 못하나, 성령께서 친히 그들을 구원하러 오시며 말할 수 없는 탄식으로 그들을 위해 간구하신다(현재 시제, '계속하여 간구하고 계신다'). 피조물이 탄식하고(롬 8:22) 믿는 자들이 탄식하므로(23절), 성령께서도 탄식하신다. 이것은 어떤 사람들이 주장하는 것처럼 입으로 하는 기도가 아니다. 이 탄식은 신자들이 하는 것이 아니고 성령께서 하시는 기도이며, 말로 표현되는 것도 아니다. 성령께서 주시는 도움은(26절) 곧 그분의 간구이다. '간구하다'는 휘페렌팅카네이(ὑπερεντυγχάνει)를 번역한 것으로 신약성경 가운데 오직 여기에만 나온다. 그 의미는 '누군가에게 가까이 가다, 혹은 호소하다'이다. 마음을 살피시는 이는 하나님이시다(삼상 16:7; 히 4:13). 하나님은 성령의 생각을 아시는데(오이덴[οἶδεν]: 지각으로 혹은 직관적으로 알다), 이는 성령이 하나님의 뜻대로 성도를 위하여 간구하시기(엔팅카네이[ἐντυγχάνει]. 참조, 롬 8:26) 때문이다.

성령께서 말하시지 않더라도, 아버지께서는 성령께서 무엇을 생각하고 계시는지를 아신다. 이것은 아버지의 전지(全知)하심과 삼위일체의 긴밀한 교통을 증명하는 흥미로운 구절이다. 예수님이 믿는 자들을 위해 하나님께 끊임없이 간구하시고(34절; 히 7:25), 성령께서도 그들을 위해 간구하신다. 신자들이 무엇을 기도해야 하며 어떻게 표현해야 하는지 모르고 있을지라도, 성령께서 그들을 위하여 그들에게 필요한 것을 세세하게 표현하신다.

F. 성화의 확실성(8:28~39)

성화의 교리를 말하는 이 부분은 논리적으로 성화의 목표 혹은 마지막에 대한 언급(18~27절)에 뒤이어 나온다. 성화(신자의 소망, 신자가 참음으로 간절히 기다리는 것)의 목표에 대한 논의는 그 목표가 확실하다는 것을 깨닫지 않는다면 초점 없는 것이 되고 만다. 하나님은 그 확신을 허락하셨고 믿는 자에게 그 소망을 확증해 주셨다. 왜냐하면 중생의 순간에 시작되어 영화의 순간에 완성되는 성화는 궁극적으로 하나님의 사역이며, 신자들이 믿음으로 말미암아 얻는 것이기 때문이다(참조, 빌 1:6).

8:28 신자들은 성화의 확실성을 알고 있으며, 그 지식은 영적인 지각을 통해서 얻어진다. 그리스도인들은 비록 온전히 이해하지 못하고 그것을 경험적으로 느낄 수 없다고 하더라도 하나님이 그를 사랑하는 자들에게 모

든 것이 합력하여 선을 이루게 하시는 것을(문자적으로 "하나님을 사랑하는 자들을 위해 하나님은 선을 이루시고자 모든 것을 행하신다") 직관적으로 안다(오이다멘[οἴδαμεν]). 그 모든 것 자체는 선한 것이 될 수 없지만, 하나님은 신자들의 궁극적인 선을 위해 모든 것이 조화를 이루게 하신다. 왜냐하면 하나님의 목적은 신자들을 그분 앞에서 온전하게 세우는 것이기 때문이다(참조, 엡 1:4; 5:27; 골 1:22; 유 1:24). 역경과 환난조차도 그 목적에 도움을 준다. 현재 능동태 쉬네르게이(συνεργεῖ : 그가 합력하다)는 이것이 하나님의 계속적인 활동임을 강조한다.

하나님은 '그분을 사랑하는 자'를 위해 일하시는데, 이들은 **그의 뜻대로 부르심을 입은 자**들로 규정된다. 신자가 하나님을 사랑하는 것이 하나님이 그들을 부르심 다음에 온다는 사실이 의미심장하다. 그것은 의심할 바 없이 성령께서 성도 속에 거하신 결과이다(참조, 롬 5:5; 요일 4:19). '뜻'에 해당하는 단어 프로쎄신(πρόθεσιν)은 하나님의 계획을 말한다(바울은 동일한 이 단어를 로마서 9장 11절, 에베소서 1장 11절, 3장 11절에서 사용했다). '부르심을 입은'은 그리스도를 영접하도록 초청받았다는 것 이상의 의미, 즉 구원으로 부름 받아서 구원을 얻었음을 의미한다(참조, 롬 1:6; 8:30).

8:29~30 이 구절들은 '그의 뜻대로 부르심을 입은 자'가 된다는 것이 무엇을 의미하는지, 그리고 왜 하나님은 계속하여 그들 가운데서 그들을 위해 일하고 계신지를(참조, 28절) 설명한다. 신자들은 하나님이 미리 아신 자들이다. 이 말은 단순히 신자들이 무엇을 할 것인지를 하나님이 아셨다는 뜻이 아니라 그들을 아셨다는 뜻이다. 하나님이 미리 아셨다는 말은 단순히 개인을 아셨다는 말이 아니다. 그것은 창세전부터 하나님의

영원한 택하심(참조, 렘 1:4~5; 암 3:2)에 근거한 하나님과 성도의 의미 깊은 관계를 말한다. 그분은 창세전에 그리스도 안에서 우리를 택하셨다(엡 1:4).

이 영원한 선택과 미리 아심에는 하나님과 성도 사이에 어떤 관계를 설정하는 행위 그 이상의 것이 포함된다. 또한 그 관계의 목적과 결과도 포함된다. "하나님이 미리 아신 자들을 또한 그 아들의 형상을 본받게 하기 위하여 미리 정하셨다"(참조, 요일 3:2). 하나님의 미리 아심과 택하심으로 말미암아 그의 영원한 계획 가운데 하나님과 관계 맺은 모든 대상은 **미리 정해진다**(프로오리센[προώρισεν]: 예정되다. 참조, 엡 1:5, 11). 하나님은 성도들이 예수 그리스도의 형상을 본받도록 그들의 운명을 미리 정하셨다. 이는 모든 성도로 그리스도를 닮게 함으로써(궁극적이고 완전한 성화), 그리스도께서 **많은 형제 중에서 맏아들**로 높임을 받게 하시려는 것이다. 부활하셔서 영화롭게 되신 주 예수께서는 모든 죄로부터 정결해진, 그리고 그 앞에 영원히 살게 될 새로운 인류의 머리가 되실 것이다(참조, 고전 15:42~49). 그는 '맏아들'로서 다른 사람들 가운데 가장 높은 지위에 계신다(참조, 골 1:18).

하나님의 계획은 크게 세 단계로 구분된다. **부르심**(참조, 롬 1:6; 8:28), **의롭다 하심**(참조, 3:24, 28; 4:2; 5:1, 9), 그리고 **영화롭게 하심**(참조, 8:18; 골 1:27; 3:4)이다. 이 과정에서 한 사람도 잃어버린 바 되지 않는다. 하나님은 그분의 계획을 빠짐없이 성취해 나가신다. '영화롭게 하셨느니라'는 마지막 단계는 너무나 확실하여 하나님이 보시기에 이미 이루어진 것이나 다름없기 때문에 과거형으로 쓰였다. 영화롭게 된다는 말은 하나님의 자녀가 그 아들의 '형상을 본받는 것'을 달리 표현한 것이다. 그리고 그것이 하나님의 궁극적인 '뜻'이다. 그들은 이제 더 이상 '하나님의 영광에 이르지 못하는 자들이 아니다(롬 3:23).

8:31~32 하나님의 구원 계획은 그분이 친히 영원 전부터 영원까지 완전하게 성취하실 계획라는 사실은 얼마나 놀라운 일인가! 바울은 이 사실을 깨닫고서 신자의 영원한 구원은 온전히 하나님의 손에 달려 있다는 사실을 납득시키려고 일곱 개의 질문을 던지고 대답해 나간다(31~39절). 첫 번째 질문은 일반적인 것으로, "그런즉 이 일에 대하여 우리가 무슨 말 하리요"이다(참조, 4:1; 6:1; 9:14, 30). 8장 28~30절에 대한 적당한 반응은 아마 "할렐루야"라고 외치든지, 아니면 그저 입을 딱 벌리고 놀라서 있는 것이리라.

이 첫째 질문은 앞으로 이어질 여섯 개의 질문을 이끌고 있다. 그중 첫째 질문은 "만일 하나님이 우리를 위하시면 누가 우리를 대적하리요?"이다. 분명히 사탄과 그의 마귀는 신자들을 대적하고 있지만(참조, 엡 6:11~13; 벧전 5:8), 승리하지 못한다. 스스로 계신 분이며 전능하신 창조주 하나님이 성도를 위하시기 때문에 누구도 성도를 쉽사리 대적할 수 없다. 하나님은 자기 아들을 아끼지 아니하시고 우리 모든 사람을 위하여 내주시기까지 성도를 위하신다. '아끼다'(페이도마이[φείδομαι]에서 파생된 에페이사토[ἐφείσατο])는 70인역 창세기 22장 12절에서도 사용된 단어이다. 하나님은 아브라함에게 "네가 네 아들 네 독자까지도 아끼지 않았다"라고 말씀하셨다. 그런 다음 아브라함에게 이삭을 대신해 숫양을 바치라고 지시하셨는데(창 22:2~14), 정작 하나님은 자기 아들을 속죄 제물로 내주셨다(요 1:29). 하나님의 이 말할 수 없는 은혜로 미루어 보아, 어찌 그 아들과 함께 모든 것을 우리에게 주시지 아니하겠는가? 하나님은 자기의 아들까지 아끼지 않으셨기 때문에 분명히 성도들의 궁극적인 성화를 위해 다른 모든 것을 주기를 주저하지 않으실 것이다(참조, 벧후 1:3).

8:33~34 마지막 두 개의 질문은 성격상 법정과 관련된 문장이다. "누가 능히 하나님께서 택하신 자들을 고발하리요"(엔칼레세이[ἐνκαλέσει]: 법정에 정식 고소하다, 죄를 씌우다. 참조, 행 19:40; 23:29; 26:2). 사탄은 하나님의 백성을 '참소하는 자'이다(계 12:10. 참조, 슥 3:1). 그의 고발은 성도의 죄악과 더러움에 대한 것이기 때문에 논리상 타당하다. 그러나 사탄의 고발은 기각될 것이다. 왜냐하면 **의롭다 하신 이는 하나님이시기** 때문이다. 스스로 재판장 되신 분이 예수 그리스도를 믿는 믿음을 보고 고발당한 자를 의롭다고 선언하신다(롬 3:24; 5:1). 결과적으로 모든 소송은 기각되고, 아무도 소송을 제기할 수 없게 되었다.

질문은 계속된다. "누가 정죄하리요?" 헬라어 분사 호 카타크리논(ὁ κατακρινῶν)은 미래 시제로, '정죄할 것이다'로 번역될 수 있다. 여기서는 이 경우에 해당한다고 보는 것이 타당하다(참조, 8장 1절의 카타크리마[κατάκριμα]: 정죄, 심판). 예수 그리스도께서는 하나님이 정하신 재판관이기 때문에(요 5:22, 27; 행 17:31) 바울은 이 질문에 대해 그리스도 예수를 들어 대답한다. 예수님은 신자가 구원을 위해 의지해 온 바로 그분이다. 더구나 그분은 **죽으실 뿐 아니라 다시 살아나신 이요, 하나님 우편에 계신 자요**(참조, 눅 22:69; 행 2:23; 5:31; 엡 1:20; 골 3:1; 히 1:3, 13; 8:1; 10:12; 12:2; 벧전 3:22), **우리를 위하여 간구하시는 자시다**. 주 예수 그리스도께서는 재판관이시면서 각각의 신자들과 믿음으로 연합된 분이시다. 결과적으로 그분은 신자의 대속 제물이며(참조, 롬 5:8; 8:32), 새 생명이며(신자는 그리스도의 부활의 생명에 동참한다. 6:4, 8, 11; 엡 2:5~6; 골 2:13), 간구자이시며(참조, 히 7:25. 또한 성령께서도 간구하신다[롬 8:26~27]), 대언자이시다(요일 2:1), 틀림없이 그 재판관은 믿음으로 말미암아 자기 안에 있는 자신의 사람들을 정죄하지 않으실 것이다(참조, 롬 8:1).

8:35~37 바울의 마지막 질문이 35절에 나온다. "누가 우리를 그리스도의 사랑에서 끊으리요?" 본문(37, 39절)은 '그리스도의 사랑'이 신자들을 향한 그의 사랑(그를 향한 신자들의 사랑이 아니다. 참조, 5:5)임을 보여 준다. 사도는 신자들이 당할 수 있는 일곱 가지 일들(바울은 그것을 모두 겪었다. 고후 11:23~28), 즉 신자와 그리스도의 사랑 사이에 개입할 수 있다고 생각되는 것들을 제시했다. 그것은 환난(쓸립시스[θλῦψις]: 압박, 곤궁. 바울이 고린도후서에서 이 단어를 자주 언급했다)이나 곤고(스테노코리아[στενοχωρία]: 문자적으로 '궁핍,' 다시 말해 '짓눌림, 에워싸임, 꽉 찬')나 박해나 기근이나 적신이나 위험이나 칼이다. 점층법으로 열거된 이것들도 그리스도인을 그리스도에게서 끊을 수 없다. 오히려 그것들은 하나님이 그리스도인들을 그 아들의 형상으로 변화시키는 데 이용하시는 '모든 것들' 중의 일부일 뿐이다(롬 8:28). 이제 바울은 시편 44편 22절을 인용하면서 독자들에게 하나님의 백성은 이 세상에서 많은 환난을 겪고(참조, 요 16:33) 때로는 순교까지 당해야 한다고 일깨워 주었다. 초대 교회 시대에는 매일매일 한 사람 혹은 더 많은 그리스도인들이 순교당하거나 그런 위험에 처해 있었다. 박해자들은 그리스도인들의 생명을 도살할 짐승의 생명보다도 더 가치 없게 여겼다.

이 모든 역경 중에도(참조, 37절의 '이 모든 일'과 함께 28절의 '모든 것,' 32절의 '모든 것') 신자들은 그리스도의 사랑에서 끊어지기는커녕 그들을 사랑하시는 이로 말미암아 넉넉히 이기는 자가 된다(현재 시제, 휘페르니코멘[ὑπερνικῶμεν]: 계속하여 더 힘센 정복자들이 되다, 계속하여 영광의 승리를 얻다). 예수 그리스도와 성도를 향한 그분의 사랑이 그들을 승리하게 만든다(참조, 고후 2:14).

8:38~39 바울은 예수 그리스도 안에서 믿는 자들의 안전함과 성화의 확신에 대한 언급을 확고한 선언으로 마무리한다. **내가 확신하노니**(완료시제, "나는 확신 있게 섰다." 참조, 15:14) 어떤 것도 신자들을 **하나님의 사랑**(하나님을 향한 그들의 사랑이 아니고, 그들을 향한 하나님의 사랑. 참조, 35절)에서 **끊을 수 없다**. '어떤 것'에 속하는 열 개의 항목은 사망으로 시작되는데, 이들 가운데 일곱 개는 35절에서 이미 언급되었다. 하나님의 우주 가운데 존재하는 이 요소들에는 아래 사항들이 포함된다.

  존재의 양극단: (1) **사망**, (2) **생명**(신자들은 죽든지 살든지 하나님 앞에 있다. 고후 5:8~9).

  피조된 영적 존재의 양극단: (3) **천사**, (4) **권세자들**(하나님과 구속받은 자들의 관계를 천사들은 방해하지 않을 것이고, 마귀들은 방해할 수 없을 것이다).

  시간적인 양극단: (5) **현재 일**, (6) **장래 일**(지금은 알려지지 않은 것들. 예를 들어, 로마서 8장 35절에 열거된 역경들, 혹은 다가올 시간 속에 있는 알려지지 않은 것들).

  영적인 대적: (7) **능력**(사탄과 마귀들. 참조, 엡 6:12. 인간 권세자들일 수도 있다).

  공간적인 양극단: (8) **높음**, (9) **깊음**(하늘 위에 있는 것이든 땅 아래 있는 것이든, 아무것도 갑자기 덮치거나 낚아채서 신자들을 하나님의 사랑에서 끊을 수 없다).

(10) 피조세계 전체에 있는 모든 것. 그분의 **창조** 세계 안에 있는 어떤 것도 **그리스도 예수** 안에 있는 신자들을 향한 하나님의 의도를 절대로 훼방할 수 없다. 이것은 성도의 구원을 확신하는 훌륭한 점층 수사법이다.

Ⅴ. 주권적인 선택에서 드러난 하나님의 의(9~11장)

하나님은 스스로 존재하는 분이시며, 존재하는 모든 것의 창조주이시기 때문에 주권적이며, 피조물을 자신의 뜻대로 사용하고 처분하실 수 있다. 이 절대 주권은 그분의 인격적인 의에서뿐 아니라 그가 공급하시는 의에서도 드러난다.

A. 하나님의 주권적인 선택 선언(9:1~29)

바울은 여기에서 실제적인 문제 때문에 하나님의 주권적인 선택을 말한다. 유대인들은 이스라엘 민족으로서 자기들이 하나님의 택한 백성(신 7:6. 참조, 롬 2:17~20; 3:1~2)이라는 사실을 자랑스럽게 생각했다. 그러나 이제 교회 안에서의 하나님의 구원 계획 가운데 유대인의 참여는 이방인의 참여가 점점 우세해짐에 따라 감소되고 있었다. 그렇다면 하나님은 유대인을 버리셨는가? 이것은 궁극적으로 이스라엘과 다른 민족 사이에, 그리고 선민 이스라엘 안에서 항상 작용해 오던 원리인 하나님의 주권적인 선택에 의해 설명된다. 이제 이 원리는 이스라엘과 교회를 향한 하나님의 목적 안에서 작용하고 있으며, 교회 안에 있는 유대인과 이방인을 다루시는 데 있어서도 작용하고 있다.

1. 이스라엘의 특권(9:1~5)

9:1~5 바울은 긍정적인 용어와 부정적인 용어들(성령 안에서 그의 양심[참조, 2:15의 주해]의 증언에 의해 내적으로 증명된 용어들)을 반복해 가며 대부분의 유대인이 복음을 배척하는 것으로 인해 마음에 고통이 있다고 증언한다. 유대인들의 구원에 대한 그의 바람이 너무나 강해서 그는 혈족인 이스라엘 사람들을 위하여 자신이 저주를 받아 그리스도에게서 끊어질지라도 그것을 원하는 상태까지 이르렀다(미완료 시제, "나는 원할 수 있다").

바울은 이렇게 말한 다음, 하나님의 선민으로서 이스라엘 백성에게 속한 일곱 가지 영적인 특권을 열거했다. 양자 됨(참조, 출 4:22), 하나님의 영광(참조, 출 16:10; 24:17; 40:34; 왕상 8:11), 언약들(창 15:18; 삼하 7:12~16; 렘 31:31~34), 율법을 맡음(신 5:1~22), 성전 예배(라트레이아[λατρεία]: 거룩한 제사. 여기에 회당 예배가 포함되기도 한다), 약속들(특히 메시아 약속)이다. 또한 이스라엘인은 족장 시대에 시작되어(참조, 마 1:1~16; 롬 1:3) 메시아로 인해 성취된 약속의 물줄기 안에 있는 민족이다. 그 메시아는 만물 위에 계셔서 세세에 찬양을 받으실 하나님이시다. 이것은 메시아의 신성에 대한 명확한 표현이다. 어떤 사람들은 이 항목들을 별개의 문장으로 취급하지만(NIV 성경의 여백을 보라), 현재의 본문이 더 타당하다.

2. 선택의 예증(9:6~18)

a. 이스마엘보다 뛰어난 이삭(9:6~9)

9:6~9 유대인이 그리스도의 복음에 응답하는 데 실패했다는 것이 곧 하나님의 말씀이 실패했다는 것을 의미하지는 않는다. 오히려 이 배척은 하나님의 주권적인 선택 원리의 분명한 예가 된다. 바울은 전에 말했던 한 진리를 독자들에게 상기시켰다. "이스라엘에게서 난 그들이 다 이스라엘(영적 이스라엘)이 아니다"(참조, 2:28~29).

이렇게 말한 다음 바울은 구약성경에 나타난 하나님의 절대 주권의 예를 세 가지 들었다. 그 예는 이삭과 이스마엘(9:7~9), 야곱과 에서(10~13절), 바로(14~18절)이다. 앞의 두 가지 예는 하나님이 약속의 혈통을 세우시기 위해 아브라함의 자손들 중에서 약속의 자손을 주권적으로 선택하셨음을 보여 준다. 하갈에게서 난 이스마엘은(창 16장) — 그두라의 여섯 아들들도 마찬가지(창 25:1~4) — 아브라함의 자녀(스페르마[σπέρμα]: 씨)였으나, 아브라함의 약속의 자녀(테크나[τέκνα]: 태어난 자들)는 아니었다. 하나님이 아브라함에게 말씀하셨듯이(창 21:12), 그의 자손으로 간주되는 것은 이삭으로부터 난 자들이다(문자적으로 "이삭 안에 있는 자라야 네 씨라 불리리라"). 바울은 이 원리를 강조하기 위해 다른 말로 다시 말했다. 육신의 자녀(문자적으로 '육신으로 난 자들')가 하나님의 자녀(하나님에게서 난 자들)가 아니라 아브라함의 자손(스페르마[σπέρμα])으로 간주되는 자들이 약속의 자녀(테크나[τέκνα])이다. 육신으로 아브라함의 자손인 것은 충분하지 않다. 하나님의 택하심을 받은 자(참조, 로마서 8장 33절의 '택하신 자들')라야 하며, 그분을 믿는 자라야 한다(4:3, 22~24). 하나님은 아브라함에게 그 약속은 이스마엘이 아니라 이삭을 통해 성취될 것이라고 확언하셨다. "명년 이때에 내가 이르리니 사라에게 아들이 있으리라"(70인역의 창세기 18장 10절에서 인용됨).

b. 에서보다 뛰어난 야곱(9:10~13)

9:10~13 하나님의 주권적 선택에 대한 구약성경의 두 번째 예증은 유대인 조상의 두 번째 세대에서 나온다. 확실히 하나님은 자신이 택한 백성과 관계를 맺기 시작할 때부터 이 원리를 분명히 세우려고 하셨다. 이 예증은 첫 번째 예증보다 훨씬 더 하나님의 절대 주권을 강조하고 있는데, 그 이유는 두 번째 예증이 쌍둥이 중 하나를 하나님이 택하셨음을 말하기 때문이다(아브라함의 아들들의 경우에, 하나님은 한 여인의 아들을 택하셨다). 더구나 리브가의 자녀들의 경우에, 하나님의 택하심은 그 자식들이 아직 나지도 아니하고 무슨 선이나 악을 행하지 아니한 때에 나타났다. 이것은 하나님의 주권적인 선택이 행위, 혹은 예견된 행위로 말미암지 않고 오직 부르시는 이로 말미암는다는 것을 밝힌다(참조, 1:6; 8:28, 30의 '부르심을 입은'). 사람의 행위가 아니라(4:2~6), 하나님의 계획이 선택의 근거가 된다. 리브가는 큰 자가 어린 자를 섬기리라(참조, 창 25:23)는 말씀을 받았고, 야곱은 사랑하고 에서는 미워하였다(참조, 말 1:2~3)는 하나님의 선언으로 택하심은 확실해졌다. 형 에서가 쌍둥이 동생 야곱을 실제로 섬기지는 않았다. 그러나 에서의 후손인 에돔 족속이 야곱의 후손을 섬겼다(참조, 삼상 14:47; 삼하 8:14; 왕상 11:15~16; 22:47; 왕하 14:7). 야곱에 대한 하나님의 '사랑'은 야곱을 택하심에서 드러났으며, 에서에 대한 '미움'은 에서를 약속의 혈통에서 제외시킴에서 나타났다. 여기

에서 미움은 절대적인 미움이 아니라 더 좋은 선택에 비례한 미움을 의미한다(참조, 마 6:24; 눅 14:26; 요 12:25).

c. 바로(9:14~18)

9:14~18 바울은 "그런즉 우리가 무슨 말을 하리요"(참조, 4:1; 6:1; 8:31)라고 말하며 독자들이 생각하고 있을 질문, 즉 "이스마엘을 버리고 이삭을 택하시고, 에서를 버리고 야곱을 택하신 하나님은 불의하신가?"라는 질문을 유도한다. 의문문에 나오는 헬라어 부정 불변화사(메[μή])는 부정적인 대답을 의도한다. 바울은 보통 쓰는 강조법을 사용해, "그럴 수 없느니라"(메 게노이토[μὴ γένοιτο]. 참조, 3:4의 주해)고 대답했다. 이 문제의 요점은 하나님이 모세에게 하신 말씀(출 33:19)이 지적하듯이, 하나님의 정의에 관한 것이 아니라 그분의 절대 주권에 대한 것이다. 주권적인 하나님은 자신이 택한 자에게 **자비**를 베푸실 권리가 있다. 사실 하나님은 누구에게 자비를 베풀어야 하는 의무를 지신 분이 아니다. 그러므로 그분의 자비를 받는 것은 자비를 **원하는 자**나 얻으려고 달음박질하는 자로 말미암지 않는다. 아무도 그의 자비를 받을 만하지도, 받을 수도 없다.

이제 사도 바울은 세 번째 예증으로 이스라엘의 출애굽 당시 애굽 왕인 바로를 이야기한다. 하나님은 모세를 통해 바로에게 "내가 이 일을 위하여 너를 세웠으니(다시 말해, 역사의 무대로 너를 데려왔으니) 곧 너로 말미암아 내 능력을 보이고 내 이름이 온 땅에 전파되게 하려 함이라"(참조, 출 9:16)고 하셨다. 하나님의 능력(참조, 롬 9:22)은 바로의 압제에서 이스라엘 민족을 해방시키실 때 드러났다. 다른 나라들이 이 소식을 듣고 두려워했다(출 15:14~16; 수 2:10~11; 9:9; 삼상 4:8). 바울이 이것을 인용할 때 "성경이 … 하셨으니"라고 한 것은 매우 의미가 깊은데, 이는 그가 하나님의 말씀과 성경을 동일시한다는 의미이다. 바울은 "하나님께서 하고자 하시는 자를 긍휼이 여기시고(참조, 롬 9:15) 하고자 하시는 자를 완악하게 하시느니라"(참조, 출 4:21; 7:3; 9:12; 10:27; 14:4, 8, 17)고 결론을 내렸다. 하나님의 택하심으로 인해 바로는 자신의 마음을 완악하게 했다(출 7:13~14, 22; 8:15, 19, 32; 9:7, 34~35). 이 모든 것은 하나님이 주권적으로 택하시고 일하심을 보여 준다. 그러나 바로는 자신의 행위에 대한 책임이 있다.

3. 선택에 대한 설명(9:19~29)

9:19~21 이번에도 바울은 독자들이 생각할 만한 의문점을 제시한다. "그러면 하나님이 어찌하여 허물하시느냐?" ('그러면'에 해당하는 헬라어가 이 의문문의 의미를 더 잘 전달해 주는 역할을 하지만, 이보다는 앞의 진술과 더 잘 연결되는 것 같다.) "누가 그 뜻(불레마티[βουλήματι]: 계획적인 의도)을 대적하느냐"(완료 시제, '반항해 왔고 지금도 계속하여 반항하다'). 이런 질문들이 아직도 하나님의 절대 주권 교리를 배격하는 자들에게서 제기되고 있다. 하나님이 주권적으로 선택을 하신다면, 어떻게 사람에게 책임을 지울 수 있겠는가? 누가 감히 그분이 하시는 일에 반대할 수 있겠는가?

바울은 이에 대한 대답으로 하나님의 절대 주권을 재확인하면서, 이런 질문이 얼마나 뻔뻔스러운 것인지를 확실하게 가르쳐 준다. "이 사람아 네가 누구이기에 감히 하나님께 반문하느냐"(참조, 사 45:9). 피조물인 사람은 창조주 하나님께 질문할 권리가 없다. 바울은 이사야 29장 16절을 인용한다. "지음을 받은 물건이 지은 자에게 어찌 나를 이같이 만들었느냐 말하겠느냐?" 절대자 하나님을 토기장이에 비유한 바울은 "토기장이가 진흙 한 덩이로 하나는 귀히 쓸 그릇을(문자적으로 '귀하게 될 그릇'[단지 혹은 꽃병]) 하나는 천히 쓸 그릇(문자적으로 '천하게 될 그릇')을 만드는 권한이 없느냐?"라고 물었다. 토기장이는 똑같이 흙덩이에서 일부를 떼어 곱게 빚어 꽃병을 만들고, 또 일부를 떼어 요리용 단지를 만든다(참조, 렘 18:4~6). 그래도 그 진흙 덩어리는 불평할 권리가 없다! 절대적인 창조주도 모든 피조물에 대해 이와 똑같은 권위를 갖고 계신다. 티끌로 만들어진 인간도 예외가 아니다(창 2:7).

9:22~26 바울은 하나님이 토기장이와 같다고 말한 다음, 이 예증을 다른 민족을 향한 하나님의 주권적인 의도에 적용시킨다. 그는 조건절들('만일 ~하셨을지라도')에서 서로 엇갈리는 두 가지 경우를 말한 다음, 그에 대한 분명하고 상식적인 결론을 언급하지 않은 채 남겨 두었다. 그중 하나의 경우는 하나님이 멸하기로(아폴레이안[$ἀπώλειαν$]: 헐다) 준비된 진노의 그릇(참조, 롬 9:21)을 오래 참으심으로(참조, 벧후 3:9) 관용하신다는 것이다. 완료 분사 '준비된'은 결과 혹은 사태가 계속되는 과거의 동작을 나타낸다. '준비된'은 재귀적이라고(스스로 준비된) 할 수 있지만, 수동적이라고 보는 편이 더 타당하게 보인다. 이것은 그들이 하나님의 진노를 받기에 충분히 준비된(혹은 무르익은) 상태가 되었다는 뜻이다. 하나님의 진노의 대상은 구원받지 못한 자들이며(1:18), 그들은 영원한 벌을 받을 것이다(요 3:36). 하나님은 그들의 반역을 오래 참아 오셨으나(참조, 행 14:16; 롬 3:25), 이제 그들의 심판이 다가오고 있다. 하나님을 대적하고 그분께 돌아가기를 거절하는 자들은(마 23:37) 심판을 위해 '준비

된' 자들이다. 그들은 스스로 '(하나님의) 진노를 쌓고 있다'(롬 2:5). 그들은 지옥에서 그분의 **진노**를 체험하고 그분의 능력을 알게 될 것이다(참조, 9:17). 하나님은 진노 품기를 기뻐하지 않으셔서 어떤 사람들을 택하셔서 지옥에 가지 않도록 하셨다. 어떤 사람들은 영원한 심판을 위해 준비되었는데, 그것은 하나님이 그렇게 하기를 기뻐하셔서가 아니라 그들의 죄 때문이다. 그들의 죄가 그들로 하여금 멸망에 '이르도록' 했기 때문에, 하나님은 진노를 적당한 시기에 나타내실 것이다.

다른 하나의 경우는 하나님이 **긍휼의 그릇**(문자적으로 '그릇들.' 참조, 21절)을 취급하심에 대한 것이다. 하나님은 그 영광의 풍성함을 알게 하고자 그들을 택하시고 그 영광을 받도록 그들을 예비시키셨다(참조, 8:29~31; 골 1:27; 3:4). 동사 '그가 미리 예비하셨다'(23절)는 프로에토이마센(προητοίμασεν)으로, '그가 미리 준비시켰다'라는 뜻이며, 이것은 하나님이 구원을 베푸심으로 이루어진다(22절의 '준비된'은 카테르티스메나[κατηρτισμένα]: 만들어지다, 준비되다, 무르익다).

바울은 여기까지 가정적이고 객관적으로 이야기해 왔으나, 24절은 좀 더 직접적으로 이야기하는데(**우리니 곧**), 그것은 그와 그의 독자들이 하나님께 선택받은 긍휼의 그릇들이었기 때문이다. 하나님은 **유대인**뿐 아니라 **이방인** 중에서도 그들을 택하시고 **부르셨다**. 이 이야기의 요점은 하나님의 주권적인 선택이 유대인의 조상(이삭과 야곱, 6~13절)에게 나타난 것같이 바울의 세대와 오늘에도 나타난다는 점이다. 바울은 결론, 특히 이방인에 관한 부분을 뒷받침하려고 호세아의 글에서 두 구절(1:10; 2:23)을 인용했다. 하나님은 호세아에게 자녀들에게 상징적인 이름을 붙이도록 지시하셨는데, 한 아들에게는 로암미(**내 백성이 아니다**), 딸에게는 로루하마(**사랑하지 아니한다**)라는 이름을 붙이게 하셨다. 이 이름들은 하나님이 북 왕국 이스라엘을 버려 앗수르의 포로로 잡혀가게 하실 것을 상징한다(호 1:2~9).

그러나 하나님은 이스라엘 백성을 영원히 쫓아내지는 않으셨다. 바울이 인용한 이 구절들에서 하나님은 그들을 그의 사랑하는 자와 그의 **백성으로** 회복시킬 것을 약속하셨다. 혈통으로 볼 때 이방인들은 하나님의 **백성이 아니었다**. 그러나 바울은 하나님의 영의 이끌림을 받아 이 구절들을 하나님의 택하심을 받아 그리스도 안에서 그분의 백성으로 **부르심을 입은** 이방인들(또한 유대인들)에게 적용시켰다. 호세아 2장 23절을 이방인들에게 적용시키기에 알맞도록 자유롭게 순서를 바꾸어 인용한 것이다. 바울은 호세아서에서 취한 이 부분을 재해석하고 있는 것이 아니라 이방인들에게 적용시키고 있는 것이다. 그는 구약의 이스라엘이 교회의 일부라고 말하고 있지 않다.

9:27~29 여기서 바울은 하나님이 그분의 주권적인 선택과 부름에 있어서 비록 소수이긴 하지만 언제나 유대인들을 포함시키신다는 사실을 뒷받침하기 위해서 구약성경을 인용한다. 인용된 구절들(사 1:9; 10:22~23. 모두 70인역에서 취함)은 배역한 이스라엘에 대한 심판에서 하나님은 주권적으로 선택하신 **남은** 자를 보존하시고 구원하신다는 것을 분명히 밝히고 있다. 약속된 것들은 이스라엘과 유다가 포로로 잡혀간 것과 AD 70년 예루살렘 멸망으로 성취되었으며, 이스라엘 민족의 최종적인 해방에서 완성될 것이다(롬 11:26~27). 오늘날에도 이 원리는 사실이다. 예수님의 몸인 교회의 구성원이 된 유대인들은 바울이 후에 "은혜로 택하심을 따라 남은 자"(11:5)라고 부르는 자들이다. 여기에는 바울 자신도 포함된다(11:1).

B. 하나님의 주권적인 선택의 적용(9:30~10:21)

1. 이스라엘의 부딪침(9:30~10:4)

9:30~33 바울은 또다시 그가 잘 쓰는 수사적인 질문을 사용해 "그런 즉 우리가 무슨 말을 하리요?"라고 물음으로써(참조, 4:1; 6:1; 8:31; 9:14) 이 부분에 대한 최종 변론을 시작하려 한다. 그가 믿음에서 난(에크[ἐκ]: ~에서 나온) 의를 얻은 이방인들(문자적으로 '열방')과 자신을 동일시한 것이 흥미롭다. 후에 바울이 말한 대로 교회는 유대인 신자뿐 아니라 이방인 신자들도 포함하지만(11:1~5), 바울의 세 번째 선교 여행 때까지 유대인은 점점 더 복음을 배척하고 이방인은 교회 안에서 우세한 위치에 있었기 때문에 바울은 '이방인'을 이스라엘과 대조적인 의미로 언급했다. 이스라엘은 의의 법을 따라갔으나(계속하여 좇아간다), 율법에 이르지 못하였다. '의의 법'은 모세 율법을 말한다(참조, 7:7, 12, 14). 의를 얻기 위해서는 그 법을 완전히 지켜야 한다(참조, 약 2:10). 왜 이스라엘은 그 의에 이르지 못했을까? 그들이 믿음으로(에크[ἐκ]: ~에서 나온) 좇지 않고 행위로(에크[ἐκ]) 좇았기 때문이다. 이스라엘 사람들은 그 법을 완전히 지킬 수 없으며 죄 사함을 위해서는 믿음으로 하나님께 돌아가야 한다는 것을 인정하지 않았다. 오히려 적지 않은 사람들이 계속해서 자신의 노력으로 그 법을 지키려고 했다. 결과적으로 그들은 '부딪칠 돌'에 부딪쳤다(참조, 롬 11:11). '부딪칠 돌'인 주 예수 그리스도(참조, 벧전 2:4~8)는 유대인의 기대를 충족시키지 않으셨다. 그래서 그들은 그분께 믿음으로 응답하지

않고 오히려 그분을 배척했다. 하나님이 이미 이것을 예견하셨음을 보여 주기 위해서 바울은 이사야 8장 14절과 28장 16절(참조, 롬 10:11)을 인용하는데, 이 두 구절의 결합은 하나님이 **시온**에 두신 그 돌에 대한 **사람들의** 두 가지 대조적인 반응을 지적한다(참조, 11:26의 '시온').

10:1~4 앞의 구절들에서 이스라엘의 부딪침에 대해 말한 바울은 이제 그 부딪침의 이유를 설명한다. 그에 앞서 9장 서두를 생각나게 하는 말로 이스라엘 민족의 구원을 원하는 자신의 심정을 표현한다. 그는 자신의 경험을 염두에 두고(참조, 행 26:11; 갈 1:13~14; 빌 3:4~6), "**내가 증언하노니**(현재 시제) **그들이 하나님께 열심이 있다**"라고 확언한다. 이스라엘은 '하나님께 열심 있는 백성'이라고 불렸다. 그러나 바울은 **그들의 열심이 지식**(에피그노신[ἐπίγνωσιν]: 철저하고 완전한 지식)**을 따른 것이 아님**을 강조한다. 유대인은 분명히 하나님에 대한 지식을 가졌으나 완전한 지식은 아니었다. 그렇지 않았다면 그들은 행위를 좇아 의를 구함으로써 그리스도께 부딪치지 않았을 것이다.

바울은 계속해서 이스라엘의 실패와 그들의 왜곡된 열심에 대해 설명했다. 그들이 실패한 이유는 **하나님의 의를 몰랐기**(분사 아그노운테스[ἀγνοοῦντες]는 '모르고 있다'라는 뜻으로, 여기서는 이해하지 못했다는 의미로 쓰였다) 때문이다. NIV 성경은 이스라엘 백성이 하나님이 공급하신 의를 이해하지 못했다고 암시하고 있다(참조, 롬 1:17). 그것은 사실일 수 있다. 비록 그들이 성경을 잘 알고 있었을지라도(참조, 창 15:6; 시 32:1~2) 말이다. 그러나 이에 대한 더 나은 견해는 그 의가 곧 하나님이 그들을 받아들이시는 데 있어서 그들에게 요구하시는 의, 곧 하나님 자신의 무한한 의라는 설명이다. 유대인은 **자신을 세우기 위해 계속 구하고**

있는 '하나님의 무한한 의'를 제대로 이해하지 못했다(참조, 사 64:6). 그렇다면 그들이 하나님의 의, 즉 하나님이 믿음으로 말미암아 그리스도를 통해 공급하시는 의에 **복종하지**(자신을 아래에 두다) 않았다는 것이 조금도 이상하지 않다. 헬라어 본문에는 4절에 접속사 가르(γάρ : ~ 때문에)가 있다(개역성경에는 번역되지 않는다). 이 접속사는 이스라엘의 부딪침을 설명하는 중요한 진술, "그리스도는 모든 믿는 자에게 의를 이루기 위하여 **율법의 마침이 되시니라**"를 이끈다. '마침'(텔로스[τέλος])은 헬라어 문장에서 강조 위치에 있다. '마침'은 그리스도께서 준비된 마침(종료) 혹은 율법이 의도하고 있는 목적(참조, 갈 3:24), 곧 율법이 지적한 대상임을 의미한다.

하나님이 사람들에게 의를 주시지 않는다면 율법 자체로는 의를 공급할 수 없다(참조, 롬 3:20; 7:7). 그러나 그리스도께서 율법을 온전히 지키심으로써 율법을 성취하셨고(마 5:17~18. 참조, 요 8:46) 자기 목숨을 죄와 깨어진 율법의 대속물로 주셨다(참조, 엡 2:15; 골 2:13~14). 이제 율법은 율법 자체는 줄 수 없었던 하나님의 의의 근원으로 그리스도를 지목했다(갈 3:24). 여호와를 신뢰하고, 속죄제와 속건제 규례를 포함한 레위기 율법을 따르던 경건한 유대인은 이제 믿음으로 그리스도께 응답하고 하나님의 의를 받으려(다시 말해, 의롭다고 여김을 받다. 행 13:39; 롬 3:24; 4:3, 5) 할 것이다. 그런 사람은 성령의 내주하심으로 말미암아 율법의 요구를 이룰 수 있었다(8:4). 그와 반대로, 자신의 의를 세우려고 행위를 따르는 유대인은 그리스도를 '율법의 마침'으로 깨닫지 못하고 그분께 걸려 넘어진다.

2. 하나님의 은혜로운 선물(10:5~15)

10:5~8 바울은 그리스도 안에 있는 하나님의 은혜로운 구원과 믿음으로 말미암아 얻는 의에 대해 이야기하면서, 먼저 행함으로 의를 얻으려는 태도를 대조적으로 진술한다. 그는 모세가 율법으로 말미암는 의에 대해 기록했다고 말한다. 이렇게 말한 다음 레위기 18장 5절을 인용한다. "의를 행하는 사람은 그 의로 살리라." 만약 어떤 유대인이 율법의 요구를 지킴으로써 의를 얻었다면, 그것은 인간의 공적이지 하나님으로부터 온 것이 아니다. 그렇게 되려면 그는 한평생 율법을 온전히 지켜야 한다. 그러나 이것은 불가능한 일이다(약 2:10). 이제 바울은 '율법의 마침'이며 모든 믿는 자들에게 의가 주어지는 통로인 그리스도를 중심으로 하는 믿음으로 말미암는 의를 논증하려고 다시 모세의 말을 인용한다. 바울이 단순히 모세의 말을 빌려 모세의 생각과 맞지 않는 다른 이상한 것에 적용시키고 있는 것처럼 보이지는 않는다. 그렇다면 '믿음으로 말미암는 의'는 전혀 새로운 개념이 아니라, 모세가 이스라엘에게 이미 선포했던 것이다.

바울이 로마서 10장 6~8절에 인용한 말씀은 신명기 30장 12~14절에서 인용한 것이다. 신명기 말씀은 가나안 땅에 들어가는 데 있어서 모세가 당시 이스라엘을 책망한 대목이다. 이 훈계는 하나님이 이스라엘을 다루시는 것에 대한 모세의 선견자적인 설명의 결론이다. 믿음과 순종에 대해서는 복이 약속되었고, 반역과 불순종에 대해서는 징벌이 주어질 것이다. 이스라엘이 하나님을 저버리면 뿔뿔이 흩어지게 되고 고난을 당하게 될 것이라고 모세는 말했다. 그러나 그들이 결국 믿음으로 하나님께 돌아오면 하나님은 복과 번영을 허락하시고 그들을 열방 중에 뛰어난 자들로 회복시키실 것이다(신 30:1~10). 모세의 훈계의 핵심(신 30:11)은 그가 말하고 있는 대상인 그 세대가 말씀을 가졌으며(말씀이 네게 매우 가까워서 네 입에 있다, 신 30:14), 믿음으로(네 마음에, 신 30:14) 응답할 수 있고, 하나님께 순종함으로 이를 행할 수 있다는 것이다. 모세 시대의 이스라엘 백성은 그 말씀을 가졌기 때문에 하늘에서 그것이 내려오라고 하거나 누가 바다를 건너가 그것을 가져오라고(신 30:13) 요구할 필요가 없었다. 그 말씀(모세의 교훈)은 그들에게 '가까이' 있었다(신 30:14).

바울은 그리스도께서 육신으로 오셨으며(요 1:14) 부활하셨다는 사실을 덧붙여, 그 동일한 진리가 당시 세대에도 그대로 적용된다고 지적했다. 그러므로 **그리스도를 모셔 내리라**(성육신), 혹은 **그리스도를 죽은 자 가운데서 모셔 올리라**고 요구할 필요가 없다. 그분은 이미 오셨고 부활하셨다. 바울 시대에 믿음으로써 의롭다 함을 얻는다는 메시지는 그의 독자들 '가까이'에 있었다(그들이 닿을 수 있었다). 이것은 그가 선포하고 있던 믿음의 '**말씀**'(레마[ῥῆμα]: 말씀)이었다('선포된 말씀'을 뜻하는 레마[ῥῆμα]는 에베소서 5장 26절, 6장 17절, 베드로전서 1장 25절에도 사용되었다). 그래서 복음, 즉 '믿음의 말씀'은 가까이에 있고, 쉽게 접근할 수 있다.

10:9~13 여기에서 바울은 믿음에 관한 그 메시지의 내용을 말한다. 예수가 주이심을 입으로 시인하는 것이 신명기 30장 14절의 순서에 따라 로마서 10장 8절에 우선적으로 나왔다. 그것은 하나님이 예수 안에서 성육신하셨다는 사실(참조, 6절), 곧 예수 그리스도께서 하나님이심을 인정하는 것이다. 또한 하나님께서 **그를 죽은 자 가운데서 살리신 것**(참조, 7절)을 마음으로 믿는 것도 필수적이다. 그 결과는 구원이다. 10절에 언급된 진짜 순서는 이렇다. 네가 믿어서 의롭다 함을 얻었다(문자적으로 '의를 위해 믿어지다')는 것이 너희 마음에 있기 때문에, 네가 시인하여 구원을 얻었

다(문자적으로 '구원을 위해 시인되다')는 말이 네 입에 있다. 그러나 이것들은 구원에 이르는 분리된 두 단계가 아니다. 시간적으로 동시적이다. 구원은 그리스도께서 하나님이심을 시인하고 그를 믿는다고 하나님께 고백함으로써 온다.

이제(11절) 바울은 '누구든지'라고 번역된 헬라어 단어를 덧붙여 이사야 28장 16절을 재인용함으로써(참조, 롬 9:33) 자신의 입장을 옹호한다. 하나님은 신자들 한 사람 한 사람에게 의의 선물로 응답하신다. 바울은 인간의 죄를 말할 때처럼(3:22), 독자들에게 하나님의 공정하심을 상기시켰다. 죄를 지은 모든 사람이 심판을 받는 것처럼, 신자들은 모두 구원을 얻고 풍성한 복을 받을 것이다. 요엘 2장 32절의 인용이 이 결론을 지지한다. "누구든지 주의 이름을 부르는 자는 구원을 받으리라." 주를 부른다는 것은 구원을 위해 믿음으로 기도한다는 것을 뜻한다. '이름'의 의미에 관해서는 사도행전 3장 16절의 주해를 보라.

10:14~15 바울은 그리스도 안에 있는 하나님의 은혜로운 선물을 선포한 다음, 자연스럽게 제기되는 질문들을 다룬다. 연속되는 이 질문들은 각각 앞의 질문에 사용된 동사로 이어진다. '누구든지 주의 이름을 부르는 자'에게 구원을 주시겠다는 하나님의 약속(13절)이 출발점이 된다. "그런즉 그들이 믿지 아니하는 이를 어찌 부르리요?" 주의 이름을 부른다는 것이 '그를 의지한다' 혹은 '그를 믿는다'는 것과 동일하게 사용되었다(참조, 11, 13절). 그러나 여기서는 '믿는다'는 의미로 쓰였다. 그리스도를 믿을 때, 그리스도를 '부른다.' 그 다음으로 이런 질문들이 이어진다. "듣지도 못한 이를 어찌 믿으리요 전파하는 자가 없이 어찌 들으리요 보내심을 받지 아니하였으면 어찌 전파하리요"(케뤼쏘[κηρύσσω]는 '포고자가 되

다, 전달하다'라는 의미이기 때문에 이 단어는 설교에만 제한되지 않는다). 하나님의 은혜로운 선물을 전파하는 것은 하나님이 보내셔서 전달자로 사용하신 사람들과 연관된다. 하나님은 그분의 이름을 부르는 모든 자를 구원하실 것이기 때문에 그들도 하나님의 구원의 메시지에 참여한다. 바울은 좋은 소식의 전달자들에 대한 간절한 바람을 그린 이사야 52장 7절을 인용했다. **좋은 소식을 전하는 자들은 아름다운 발을 가졌다.** 즉 그들의 소식은 환영을 받는다. 이사야 52장 7절에서 전달자는 하나님이 유다 백성의 바벨론 포로생활을 끝나게 하셨음을 그들에게 전했다(참조, 사 40:9~11). 그러나 바울은 이사야 52장 7절을 복음을 받고 있는 당시의 유대인들에게 적용시켰다.

3. 이스라엘의 배척(10:16~21)

10:16~18 바울은 하나님의 의로운 선물인 믿음으로 말미암는 의가 모두에게(유대인은 물론이고 이방인에게도) 주어졌음을 분명히 밝혔다(참조, 12절). 그러나 로마서 10장의 초점은 이스라엘 백성과 그 선물에 대한 그들의 응답에 있다(참조, 1절). 그러므로 바울이 "그러나 유대인들이 다(헬라어 본문에는 단지 '그들이 다'라고 되어 있다) 복음을 순종하지 아니하였도다"라고 말했을 때, 그는 분명히 유대인들이 응답에 실패한 것을 생각했다('받아들였다'는 **휘페쿠산**[ὑπήκουσαν]으로, '듣다'라는 동사의 합성어이다. 그것은 '긍정적인 자세로 듣다'를 의미하며 '순종하다, 복종하다'를 뜻한다). 이것은 이사야 53장 1절의 인용으로 입증된다. "주여 우리가 전한 것을 누가 믿었나이까?"

유대인들이 복음에 대한 응답에 실패한 것은 예수님 당시(요 12:37~41)

나 바울이 살던 시대나 마찬가지였다. 그리고 이방인 가운데서 복음에 응답하는 자도 전체에 비해 너무 적었기 때문에 헬라어 본문에서 부정대명사 '모두'를 사용한 것은 적합하다(롬 10:16). 바울의 결론은 이렇다. "그러므로 믿음은 들음에서 나며(문자적으로 '들음에 있고,' 참조, 14절) 들음은 그리스도의 말씀으로 말미암았느니라"(문자적으로 '들음은 그리스도에 관한 말씀[레마토스, ῥήματος]을 통해서 난다.' 참조, 17절). 헬라어 아코에(ἀκοη : 들음)는 들은 것(메시지, 6절) 혹은 듣는 행위나 감각을 의미할 수 있다(17절).

그러나 어떤 사람들은 유대인들이 그 메시지를 들을 충분히 기회를 받지 못했다고 주장할지도 모른다. 그래서 바울은 "그러나 내가 말하노니 그들이 듣지 아니하였느냐"라고 물은 다음, 우주에 나타내신 하나님의 일반 계시를 말하는 시편 19편 4절을 인용한다(참조, 롬 1:18~20). 그러나 그 시편도 역시 구약성경에 나타난 하나님의 특별 계시를 거론한다(시 19:7~11). 자신의 질문에 대한 바울의 분명한 대답은 이스라엘이 일반 계시와 특별 계시를 통해 하나님께 응답할 기회를 많이 가졌다는 것이다. 이스라엘은 분명히 들었다.

10:19~21 이 구절들에서 논점이 전환된다. 사도는 또 다른 논쟁거리를 예상한다. 어떤 사람은 "그렇다. 이스라엘은 말씀을 들었지만 하나님이 이방인을 포함하여 온 인류에게 믿음으로 말미암아 의를 주시려 했다는 것을 이해하지 못했다"라고 주장할지도 모른다. 그래서 바울은 이렇게 묻는다. "그러나 내가 말하노니 이스라엘이 알지 못하였느냐"(에그노[ἔγνω]). 이에 대해 그는 구약성경 말씀 두 구절을 인용함으로써 대답하는데, 하나는 모세의 말(신 32:21)이고, 다른 하나는 이사야의 말(사 65:1)

이다. 이 두 사람 모두 하나님이 이방인에게 돌이키심에 대해 썼는데, 이 이방인들은 유대인들이 생각하기에 미련한(아쉬네토[ἀσυνέτῳ]: 지각없는. 참조, 롬 1:21, 31) 자들이었다. 하나님은 이스라엘의 불순종에도 불구하고 그들에게 은혜를 베푸셨다(사 65:2의 인용). 이스라엘의 계속적인 반역과 불신앙과 불순종은 하나님이 이방인에게 돌이키심으로 심판을 받게 되었다(롬 10:20. 참조, 행 8:1~10). 그렇지만 하나님은 유대인을 구원에서 제외시키지는 않으셨다. 하나님은 그들이 돌아오기를 애원하면서 손을 벌리셨다.

C. 하나님의 주권적인 선택의 성취(11장)

로마서의 주요 부분(9~11장) 중에서 이제까지 다룬 주제는 하나님 자신의 의와 인간에게 공급하신 그분의 의가 먼저는 이스라엘이 그리스도를 배척하고 하나님을 반역하는 데서 나타났고, 다음으로 하나님이 은혜로 이방인들을 선택하고 그들에게로 돌이키심에서 나타났다는 것이다. 이 주제들은 이 장에서도 계속되지만, 하나님의 주권적인 선택에는 또한 이스라엘의 회복과 이를 통해 그분의 존재를 널리 알리는 것도 포함된다.

1. 은혜로 택하심(11:1~10)

11:1~6 10장에서부터 내용의 전환이 "내가 말하노니"라는 수사학적인

구절의 반복에서 발견된다(10:18~19). 바울은 여기에서 이렇게 질문한다. "하나님이 자기 백성을 버리셨느냐?" 이 질문은 "하나님은 자기 백성을 버리시지 않았다. 그렇지 않으냐?"라는 부정의 대답을 기대하고 물은 것이다. 바울의 특징적인 짧은 부정어, "그럴 수 없느니라"(메 게노이토[μὴ γένοιτο]. 참조, 3:4의 주해)는 대답으로 의미가 분명해진다. 이번에는 바울 자신을 첫 번째 증거로 내세웠다. 그는 믿음으로 예수 그리스도께 응답하여 하나님께 의롭다 하심을 받았다. 그런데 그는 이스라엘인이고(참조, 빌 3:5) 베냐민 지파 사람이었다. 베냐민 지파는 비록 작기는 하지만 중요한 지파였다(이스라엘의 첫 임금 사울이 베냐민 지파였다). 하나님이 바울을 구원하셨다면(행 9:22, 26), 분명히 다른 유대인들도 구원하실 것이다(딤전 1:15~16). 그래서 그는 확실하게 선언했다. "하나님이 그 미리 아신(프로에그노[προέγνω]: 의미 깊은 관계인. 참조, 암 3:2; 롬 8:29의 주해) 자기 백성을 버리지 아니하셨다(삼상 12:22; 시 94:14). 하나님은 이스라엘을 영원 전부터 자기의 언약 백성으로 택하시고 결코 깨어질 수 없는 관계를 맺으셨다(참조, 렘 31:37).

하나님이 자기 백성을 버리시지 않았다는 바울의 두 번째 증거는 엘리야가 사역하던 시대의 이스라엘 역사에서 취한 것이다. 엘리야 선지자는 그의 목숨을 찾는 이세벨을 피해 도망하여 매우 곤란한 지경에 있었다. 바울은 그때 엘리야가 이스라엘을 하나님께 고발했다(엔튕카네이[ἐντυγχάνει]: 탄원했다. 로마서 8장 27절에서는 '간구하다,' 34절에서는 '간구하고 계시다'라고 번역되었다)고 말한다. 그런 다음, 바울은 엘리야의 불평 내용 중 일부(왕상 19:10, 14)를 순서를 바꾸어 인용하면서 "나만 남았는데 내 목숨도 찾나이다"라는 탄식으로 결론을 맺었다. 엘리야는 자신을 이스라엘에서 하나님을 믿는 사람 중에 자신만 유일하게 남아 있다고 생각했다. 바울은 "하나님이 그에게 하신 대답(문자적으로 '하나님의 대답')이 무엇이냐?"라고 묻는다. 하나님은 곤고함에 빠져 두려워하는 선지자 하나만 남겨 두지 않으셨다. 하나님은 자기를 위하여 이스라엘 중에 경건한 자 **칠천 명**을 남겨 두셨다(왕상 19:18). 경건한 자를 보존하는 것이 하나님의 일이다.

바울은 역사적인 예증을 열거한 후에 자기 시대에 대한 결론을 이끌어 냈다. "이와 같이 지금도 은혜로 택하심을 따라 남은 자가 있느니라"(문자적으로 '은혜의 택하심을 따라 남은 자가 있다'). 바울은 그 당시 이스라엘 사람 중에서 믿음을 따라 택함 받은 많은 사람 중 한 사람일 뿐이다. 교회가 시작된 이래로 지금까지 유대인들 가운데 '은혜로 택하심을 입은 남은 자'가 부르심을 받아 왔다. 바울은 이 선택이 전적으로 하나님의 은혜(참조, 엡 2:8~9)라고 덧붙이면서 은혜와 행위의 대조를 강조했다(참조, 롬 4:4~5; 9:30~32).

11:7~10 여기서 바울은 이스라엘 중에서 '은혜로 택하심을 입은 남은 자'가 전반적으로 모든 사람에게는 어떤 의미가 있는지에 대해 말한다. 그 상황은 아이러니하다. 유대인들은 행위와 율법의 의를 좇아 열심히 하나님께 받아들여지기를 원했다(참조, 10:2~3). 그러나 그들은 하나님께 받아들여지지 않았고 오직 **택하심을 입은 자**만이 받아들여졌는데, 이는 하나님의 은혜로운 주권적 선택으로 말미암은 것이다. 그 남은 자들은 **우둔하여졌다**(참조, 11:25). 우둔해진다는 것이 뜻하는 바는 바울이 설명하고 뒷받침하기 위해 인용하는 구절들에서 나타난다. 첫째 인용 구절은 신명기 29장 3~4절과 이사야 29장 10절의 인용인데, 여기서는 우둔해진다는 것에 영적 졸음(혼미는 카타뉘케오스[κατανύξεως]를 번역

한 것으로, '침으로 찔러도 무감각함'을 뜻한다)과 보지 못하고 듣지 못하는 것(참조, 사 6:9~10)이 포함된다. 두 번째 인용 구절(11:9~10)은 시편 69편 22~23절에서 취한 것으로, 여기서는 마땅히 이스라엘에게 자양물과 축복의 근원이 되어야 할 것들(밥상은 하나님의 손이 내리시는 복을 의미한다. 그것은 마땅히 그들을 그리스도께 인도했어야 한다. 참조, 갈 3:24)이 하나님을 배반하는 원인이 되고(올무의 덫과 거치는 것. 참조, 롬 9:32~33) 하나님의 심판(보응)의 근거가 될 것이 예견된다. 그들이 하나님의 진리를 받아들이기를 거절했기 때문에(참조, 사 6:9~10) 그들의 등은 죄의 짐과 **영원한 심판** 아래서 **굽게 될 것이다**.

2. 이방인 안에서(11:11~24)

11:11~12 바울은 여전히 독자들이 물을 만한 질문을 또 하나 들추어낸다. "그들이 넘어지기까지 실족하였느냐"(참조, 9:32). 동사 '넘어지다'의 시제와 '실족하다'라는 동사와의 대조는 회복할 수 없을 만큼 넘어지는 것을 암시한다. 이 질문도 역시 부정의 대답을 유도하는데, 이에 대해 바울은 로마서에서 열 번째이자 마지막으로 "그럴 수 없느니라"(메 게노이토[μὴ γένοιτο]. 참조, 3:4, 6, 31; 6:2, 15; 7:7, 13; 9:14; 11:1)고 대답한다. '그들'은 '은혜로 택함 받은 자'(5절)를 제외한 이스라엘 중 대다수를 차지하는 '그 남은 자들'(7절)을 가리킨다.

이스라엘은 영원히 넘어지지는 않았지만 실족했다. 그것은 하나님의 두 가지 의도에 따른 것이다. 하나는 **이방인에게 구원을 주려는 것**이고, 다른 하나는 **이스라엘로 시기 나게 하려는 것**(문자적으로 '그들이 시기하도록 부추기려는 것.' 참조, 신 32:21)이다. 바울은 이미 두 번씩이나 밑지 않는 유대인에게서 이방인에게로 돌아섰으며(행 13:46; 18:6), 로마에서도 적어도 한 번 이상 그랬을 것이다(행 28:25~28). 그렇게 하면서 그는 하나님의 이 의도들을 성취하고 있었다. 그러나 바울은 이스라엘의 **넘어짐**(파라프토마[παράπτωμα]: 헛디딤, 실족. **파라프토마**는 로마서 5장 17~18절에서 '범죄'로 번역되었다)이 일시적이라고 확신했다. 그래서 그로 인한 일시적인 결과(세상의 풍성함이 되며 … 이방인의 풍성함이 됨)가 **바뀔 것**(하물며 그들의 충만함이 얼마나 더 풍성하겠는가!)을 관망했다. 여기서 '세상'은 물질적인 세계가 아니라 인류를 의미한다(참조, 11:15의 '세상'). 많은 이방인이 그리스도께 나아온 덕분에 세상이 영적으로 부요해진 것이 확실하다(참조, 15절의 '화목'에 대한 주해). 그러나 주께서 다시 오시고 이스라엘이 회개한 후에 이방인들은 훨씬 더 큰 풍성함을 누리게 될 것이다(참조, 26절). 이스라엘의 '충만'은 대규모의 회개를 암시한다(참조, 25절의 '이방인의 충만한 수'[문자적으로 '충만함']).

11:13~15 바울은 여기서 "내가 이방인인 너희에게 말하노라"고 하면서 로마에 있는 그리스도인 공동체 가운데 한 그룹을 지적했다. 바울은 비록 글을 쓰고 있음에도 구어체 의사소통을 꾀하고 있는데, 이것은 성경이 영감에 의해 기록된 것임을 암시한다. 그는 **이방인의 사도**인 자신의 특수한 직분을 분명히 밝히면서(참조, 행 9:15; 갈 1:16; 2:7~8; 엡 3:8), "내 **직분을 영광스럽게 여긴다**"(문자적으로 "나는 영광스럽게 여긴다" 혹은 "나는 크게 여긴다")고 선언했다. 바울이 이방인을 위한 자신의 직분을 크게 여긴다고 말하는 목적 가운데 하나는 자기의 동족인 유대인들에게 시기심을 불러일으켜서(롬 1:1) 그들 중에서 얼마를 구원하려는 것이다(참조, 9:1~4; 10:1). 그리스도를 영접한 유대인들은 '은혜로 택하심을 얻

은 남은 자들'이 될 것이다. 바울은 독자들에게 이스라엘의 배척은 하나님의 계획 안에서 세상의 화목을 의미한다는 것을 상기시켰다. 이스라엘이 그리스도를 배척했기 때문에 복음이 이방인들에게 이르렀다. 성경이 말하는 화목은 그리스도의 죽으심 안에서 하나님이 하시는 일로, 하나님과 인간의 관계를 실제적으로 회복시키는 것이 아니라 관계를 회복할 수 있는 근거를 제공하는 것이다(참조, 고후 5:18~20). 이것은 로마서 11장 12절에 나오는 '세상의 풍성함'과 '이방인의 풍성함'의 의미를 설명하는 데 도움이 된다(어떤 사람이 믿음으로 그리스도께 오면 화목하게 하시는 하나님의 일이 그에게 이루어진다. 그렇게 되면 그는 하나님과 교제를 나누게 되고 영적인 불화가 제거된다).

바울은 이스라엘의 실족함이 일시적이라는 것을 확신했기 때문에 "그 받아들이는 것이 죽은 자 가운데서 살아나는 것이 아니면 무엇이리요?"라고 물었다. 이 인용 구절은 "하물며 그들의 충만함이리요"(12절)를 설명한다. 이스라엘이 그리스도를 '받아들임'은 '첫째 부활'(계 20:4~6), 곧 '생명의 부활'(요 5:29)과 관련된다. 첫째 부활은 휴거 때 죽은 성도들과 살아 있는 성도들(살전 4:13~18), 대환난 때 순교당했다가 그리스도의 재림 때 부활할 성도들(계 20:4~5), 그리고 신실한 구약 시대의 성도들(단 12:1~2)을 포함한다. 그리고 두 번째 부활은 크고 흰 보좌 심판 때 심판받을 죽은 악인들이 모두 포함할 것이다(계 20:5, 12~13). 전체적인 부활이 모든 사람에게 동시에 있을 것이라는 주장은 이 구별들을 참작하지 않은 잘못된 주장이다.

11:16 바울은 이스라엘의 넘어짐이 영원한 것이 아니고 일시적인 것이며, 이스라엘은 장차 하나님의 백성으로 회복될 것을 확신했다. 그는 두

가지 예를 들어 자기가 그렇게 믿는 이유를 증명했다. 첫 번째 예는 이스라엘이 가나안 땅에 들어가서 맨 처음 곡식을 거둬들인 후에, 하나님이 그들에게 "너희의 처음 익은 곡식 가루 떡을 거제로 드리라"(민 15:20)고 말씀하신 데서 취하였다. 이 제사는 매년 추수 때 행해졌다. 처음 익은 곡식 가루로 만든 떡은 하나님께 드려짐으로써 성스럽고 거룩하게 되었다. 바울의 설명대로, 그 반죽 가운데 첫 열매로(문자적으로 '첫 열매라면') 드려지는 것이 거룩하다면, 그 반죽 전체가(문자적으로 '그 덩어리도 역시') 거룩하다. 두 번째 예는 나무에 관한 것이다. "뿌리가 거룩한즉 가지도 그러하니라."

두 가지 예증에 들어 있는 원리는 동일하다. 처음 나온 것이 나머지 모든 것의 특성을 결정한다는 것이다. 나무를 보면, 뿌리가 맨 처음 나와서 나중에 나오는 가지의 특성까지 결정한다. 주께 드리는 떡을 보면, 그 떡을 만드는 가루는 갈아 놓은 곡식 가루에서 가장 먼저 취해져서 떡으로 만들어지고 구워져서 첫 열매로 드려진 것이다. 그것이 맨 처음 주께 구별되기 때문에 전체 수확을 거룩하게 한다. 첫 열매와 뿌리는 이스라엘의 족장들 혹은 아브라함을 표상하며, 덩어리와 가지들은 이스라엘 백성을 나타낸다. 결과적으로 이스라엘은 하나님께 (거룩하게) 구별되었으므로, 이스라엘의 '넘어짐'(그리스도를 배척함)도 결국 일시적일 수밖에 없다.

11:17~21 사도 시대에 하나님은 전체적으로 이스라엘 백성을 제쳐 놓으셨는데, 바울은 이것을 '가지 얼마가 꺾이었다'고 묘사했다. 사도는 이방인 그리스도인들에게 직접적으로 말했다. "돌감람나무인 네가(단수) 그들 중에 접붙임이 되어 참감람나무 뿌리의 진액을 함께 받는 자가 되었다"

(문자적으로 "영양 많은 감람나무 뿌리의 동참자가 되었다"). 그러나 바울은 하나님의 축복과 은혜를 많이 받았다는 것이 자랑거리가 될 수 없다고 경고했다. 그들은 정상적으로 재배되는 감람나무에 접붙여진 '돌감람나무 가지'와 같기 때문에, 이스라엘이 그들에게 빚을 진 것이 아니고 그들이 이스라엘에게 빚을 진 것이다. "구원이 유대인에게서 남이라"(요 4:22).

보통은 재배되는 감람나무의 가지가 야생 감람나무에 접붙여진다. 여기서 바울이 말하는 것은 이와 정반대이다. 그러나 그가 후에 '본성을 거슬러'(롬 11:24)라고 말하는 것으로 보아, 그도 돌감람나무 가지를 참감람나무 가지에 접붙이는 것이(비록 그렇게 된다고 하더라도) 정상이 아니라는 것을 알고 있었다.

바울은 자신의 경고를 강화하기 위해 "네가 **뿌리를 보전하는 것이 아니요 뿌리가 너를 보존하는 것이니라**"고 말한다. 나무의 뿌리는 모든 가지에게 생명과 자양분의 근원이 된다. 그리고 아브라함은 '모든 믿는 자들의 조상'이다(4:11~12, 16~17). 그래서 이방인 신자들은 아브라함에게 연결되어 있다. 어떤 의미로 보아 그들은 구원에 있어서 그에게 빚을 지고 있다. 그러나 그 역은 성립하지 않는다.

사도는 이방인 신자들이 제기할 수 있는 반박을 예상했다. "가지들이 꺾인 것은 나로 접붙임을 받게 하려 함이라." 비록 그것이 가지들이 꺾인 진짜 이유일 수는 없지만 바울은 논쟁을 위해 이 말을 채택했다. 그런 다음 그는 가지들이 꺾인 진짜 이유가 이스라엘의 **불신앙** 때문이며, 이방인들이 믿음으로 말미암아 접붙여진 가지로 서도록 하려 함(참조, 5:2)이라고 지적했다. 그러므로 바울은 이방인 그리스도인들에게 다시 한번 경고했다. "높은 마음을 품지 말고(참조, 12:16) 도리어 두려워하라."

바울은 그들에게 일깨워 주었다. "하나님이 원가지들(이스라엘)도 아끼지 아니하셨은즉 너도 아끼지 아니하시리라." 헬라어에서 이 문장은 사실을 '~라면'(if)으로 가정하는 가정문이다. 앞 구절들에서 확실하게 말한 것처럼, 이 구절은 이스라엘의 '넘어짐'(11:11), '상실'(12절), 그리고 '배척'(15절)을 말하는데, 이는 그들이 '불신앙을 인하여'(20절) '그 가지들이 꺾였기' 때문이다(17절). 이 부분(11~21절)은 하나님의 주권적인 선택에서 나타난 의를 설명한다. 만일 하나님이 이스라엘 전체를 불신앙을 때문에 일시적으로 제쳐 놓으셨다면, 그분은 확실히 자긍하고 교만한 이방인들을 제쳐 놓으실 수 있다.

11:22~24 이 구절들에서 바울은 일시적으로 이스라엘을 제쳐 놓으시고, 온 인류에게 믿음으로 말미암는 의를 선포하신 하나님의 주권적인 선택에 대한 전체 내용을 요약했다. "그러므로 하나님의 인자하심(크레스토테타[χρηστότητα]: 행위에 있어 자비로움. 2장 4절, 에베소서 2장 7절, 디도서 3장 4절에서 하나님께 사용되었다)과 **준엄하심을 보라**"(이데[ἴδε]). '준엄하심'은 **아포토미안**(ἀποτομίαν)을 번역한 것으로, 신약성경에서 여기에만 사용되었다(참조, 부사 **아포토모스**[ἀποτόμως]는 고린도후서 13장 10절[엄하게]과 디도서 1장 13절[엄히]에 사용되었다). 하나님의 주권적인 선택에는 불신앙으로 실족하고(**넘어지다.** 참조, 롬 11:11) 완악해진 (25절) 유대인들을 향한 엄격함이 포함되지만, 동시에 이방인들을 향한 하나님의 선하심도 포함된다. 하나님이 이방인들에게 계속 그분의 선하심을 보이시는 것은 그들이 계속하여 **그분의 인자하심에 머물러 있는 것**에 달려 있다. 만약 이방인들이 계속하여 그분의 인자하심에 머물지 않는다면, 그들도 **역시 꺾일 것**이다. 이것은 그리스도인이 구원을 잃을 것이

라는 뜻이 아니라, 이스라엘이 그랬듯이 이방인 전체(2인칭 단수 '너'로 표현됨)에게서 복음이 돌아서는 것을 말한다.

바울이 이번에는 이스라엘에게 말한다. "그들도 믿지 아니하는 데 머무르지(문자적으로 '계속하다') 아니하면 접붙임을 받으리라." 문제는 하나님의 능력에 있지 않고 하나님의 결정에 달려 있다. 하나님은 이스라엘의 불신앙 때문에 그들을 전체적으로 제쳐 놓고, 믿음으로 말미암는 의를 모든 자에게 확대시킬 것을 주권적으로 선택하셨다. 이것은 이방인을 아브라함의 영적 줄기에 접붙이시는 하나님의 결정으로 나타났다(참조, 4:12, 16~17; 갈 3:14).

그러므로 이스라엘이 하나님께 배척당한 원인이었던 불신앙이 제거되면, 하나님은 이스라엘 백성(원가지)을 그들이 원래 속해 있던 영적인 줄기(자기 **감람나무**)에 도로 접붙이실 수 있으며, 그렇게 하실 것이다. 결국 바울이 앞에서 말한 대로 "누구든지 주의 이름을 부르는 자는 구원을 받을 것이다"(롬 10:13).

그 '감람나무'는 교회가 아니라 아브라함의 영적인 줄기이다. 믿는 이방인들이 그 축복의 영역에 포함되어 교회 시대에는 유대인과 이방인 모두가 그리스도의 몸에 참여한다(엡 2:11~22; 3:6). 그러나 언젠가는 이스라엘이 전체적으로 그리스도께 돌아올 것이다(바울이 로마서 11장 25~27절에서 말한 바와 같이). 이 구절은 이스라엘 민족에 대한 약속이 폐기되고 교회에 의해 성취되고 있다고 말하지 않는다. 무천년설을 주장하는 자들이 말하는 이런 견해는 바울의 입장과 다르다. 왜냐하면 바울은 이스라엘의 넘어짐이 일시적이라고 말했기 때문이다. 믿는 이방인들이 아브라함의 영적 자녀들로서(갈 3:8~9) 아브라함 언약의 축복에(창 12:3) 참여하고 있지만, 그들이 하나님이 약속하신 유업자의 자리를 이스라엘과 영원히 바꾼 것은 아니다(창 12:2~3; 15:18~21; 17:19; 22:15~18).

3. 이스라엘의 구속으로(11:25~32)

11:25~27 영원하지 않고 일시적인 이스라엘의 넘어짐이 '신비'로 묘사된다. 성경에서 말하는 신비는 이해하기 어려운 진리가 아니라, 지금은 드러나서 공적으로 선포되었으나 전에는 드러나지 않았던(알려지지 않았던) 진리이다(참조, 엡 3:9; 골 1:26; 마태복음 13장 10~16절 주해 부분의 도표 〈신약성경의 '비밀들'〉). 바울은 그의 이방 독자들이 하나님의 주권적인 선택 안에 있는 이스라엘에 대한 신비를 확실히 알기 원했다. 하나님이 원하시는 것은 그들이 스스로 지혜 있다고 생각하지 않게 하려는 것이다. 하나님이 이방인들에게 은혜를 베푸시려고 이스라엘을 잠시 제쳐 놓으신 일로 인해 이방인들은 자만해서는 안 된다. 그 계획은 하나님의 영광을 더 밝히 드러내기 위한 것이다.

하나님은 만국 중에서 선택받은 사람들이 은혜로 주어진 의를 믿음을 통해서 받도록 계획하셨다. 이 목적을 이루기 위해 하나님께 선택받은 백성 이스라엘과 하나님의 관계는 잠시 동안 폐지되었고, 이방인의 충만한 수(플레로마[πλήρωμα]: 충만)가 들어오기까지 이스라엘은 부분적으로 우둔하게 되었다. 이스라엘의 충만함(롬 11:12)과 이방인의 충만함이 있다. 하나님은 지금 '이방인 중에서 자기 이름을 위할 백성을 취하고' 계신다(행 15:14).

로마서 11장 25절에는 이스라엘의 완악해짐에 대한 분명한 사실 두 가지가 있다(참조, 7~8절). 첫째, 부분적이라는 것이다('더러는,' 지금까지 '은혜로 택하심을 따라 남은 자'가 있기 때문이다[5절]). 둘째, 일시적이라는 것이다. 그것은 하나님이 택하신 이방인의 충만한 수가 구원받을 때 끝날 것이기 때문이다.

'우둔해짐'으로 번역된 단어는 포로시스(πώρωσις : 단단해짐, 둔해짐)다. 이것은 바로에게 사용한 동사 스클레뤼네이(σκληρύνει : 완악하게 하다[9:18])와 명사 스클레로테타(σκληρότητα : 고집, 단단해짐[2:5])와는 다르다. 포로시스는 둔함을 가리키고, 스클레로테타는 고집을 가리킨다.

'이방인의 충만한 수가 들어온' 후에 우둔하게 된 이스라엘이 제거되고 온 이스라엘이 구원을 받을 것이다. 즉 구원자 메시아에 의해 대환난에서 '구원받을' 것이다. 이 점을 확실히 하기 위해 바울은 이사야 59장 20~21절과 27장 9절을 인용했다. "온 이스라엘이 구원을 받으리라"는 말은 그리스도께서 다시 오실 때 살아 있는 모든 유대인이 거듭나게 된다는 의미가 아니다. 주의 재림 직후에 패역한 유대인들을 제거할 이스라엘의 심판에서 보듯이, 그들 중 많은 자가 구원받지 못할 것이다(겔 20:34~38). 이 심판 후에 하나님이 재건된 이스라엘과 새 언약을 세우실 때 그들의 경건하지 않음과 죄를 사하실 것이다(참조, 렘 31:33~34).

11:28~29 여기서 바울은 하나님이 이스라엘과 이방인을 어떻게 다루셨는지를 요약한다. 하나님은 이방인에게 복음을 전하시기 위해 잠시 동안 이스라엘을 원수로 대하셔야 했다. 그러나 하나님이 아브라함을 선택하신 것(**택하심**)과 그와 맺으신 언약과 이스라엘의 **조상들**을 염두에 두고 보면, 이스라엘은 사랑을 입은 자들이다. 하나님은 아브라함과 이삭과 야곱을 선택하셨기 때문에(참조, 9:6~13) 이스라엘을 사랑하시며 그분의 약속을 성취하실 것이다. 이것이 이스라엘의 우둔해짐이 일시적일 수

밖에 없는 또 하나의 이유이다(참조, 11:15, 22~25). 이스라엘은 결국 함께 구원받을 것이 틀림없다. 하나님은 이스라엘을 택하셨다. 그리고 하나님의 은사와 부르심에는 후회하심이 없다. 하나님은 자신이 주신 것, 혹은 자신이 택하신 것을 무효로 하지 않으신다('부르심'은 택하심과 구원을 의미한다. 참조, 1:6; 8:30).

11:30~32 바울의 수신자들 가운데 이방인들은 전에는 하나님께 순종하지 않았으나, 이 은혜의 시대에는 긍휼을 입었다. 아담이 불순종했을 때(5:19) 모든 사람이 죄인이 되었는데, 그것은 모든 인류가 아담 안에서 죄를 지었기 때문이다(5:12. 참조, 엡 2:2; 5:6; 히 4:6, 11의 '불순종'). 이제 이스라엘이(이 사람들이) 하나님께 순종하지 아니하니 이는 하나님이 이방인에게(너희에게) 긍휼을 베푸실 때에 그들이 그 충만한 수에 이르도록 하기 위함이며(롬 11:25), 이스라엘도 다시 긍휼을 얻을 것이다(참조, 26~27절).

하나님의 궁극적인 목적은 **모든 사람에게 긍휼을 베풀려 하심이다**. 그렇게 하기 위해서 하나님이 모든 사람을 순종하지 아니하는 가운데 가두어 두셨다(쉰네클레이센[συνέκλεισεν]: 봉하다, 모든 면을 닫다). "모든 사람이 죄를 범하였으매 하나님의 영광에 이르지 못하였다"(3:23). "유대인이나 헬라인이나 다 죄 아래에 있다"(3:9). 그래서 "차별이 없다"(3:22). 이방인들이 하나님을 배반하고 불순종할 때(1:17~21), 하나님은 아브라함과 그의 후손들을 그분의 특별한 백성으로 선택하셨다. 이제 유대인의 불순종으로 인해 하나님은 이방인에게 긍휼을 베푸셨다. 이 목적이 성취되면 하나님은 다시 이스라엘 전체에 긍휼을 베푸실 것이다.

4. 하나님의 영광과 찬송을 위하여(11:33~36)

11:33~36 바울은 하나님의 주권적인 선택에서 나타난 의의 계시에 대한 논의를 끝마치면서 하나님을 찬송하고 송영을 높이 불렀다. "깊도다 하나님의 지혜와 지식의 풍성함이여!" 만민을 위한 하나님의 구원 계획은 하나님의 무한한 지식과 그 지식을 지혜롭게 사용하시는 그분의 능력을 드러냈다. 하나님은 그의 판단과 그의 길 가운데 일부를 드러내셔서 사람들로 그것들을 알게 하셨으나, 인간의 힘으로는 그것을 알 수가 없다. "길은 찾지 못할 것이로다"는 한 단어 아넥시크니아스토이($ἀνεξιχνίαστοι$)를 번역한 것으로, '발자취를 따라갈 수 없는'이라는 의미이다. 이 단어는 신약성경에서 유일하게 에베소서 3장 8절에서 다시 쓰였는데, 거기에서는 '측량할 수 없는'으로 번역되어 그리스도의 풍성함을 강조했다.

이제 사도 바울은 이사야 40장 13절을 인용해서 하나님이 그 지혜로운 계획의 유일한 구상자이심을 보여 준다. 아무도 그분의 마음을 알지 못하며, 그분께 조언할 수 없다. 이 말 다음에 욥기 41장 11절을 인용했는데, 이것은 하나님이 그분의 행위에 대한 유일한 주관자이심을 증명한다. 하나님은 실로 만유의 주권자이시다. 그러므로 모든 피조물은 그분께 해명할 책임이 있고, 영광을 돌려야 마땅하다. 지금까지 어느 누구도 그분께 아무것도 드린 적이 없기 때문에 그분은 누구에게도 갚을 것이 없다. 그래서 바울은 "이는 만물이 주에게서 나오고 주로 말미암고 주에게로 돌아감이라"고 결론지었다.

하나님은 만물의 첫 번째 근원이자, 최종적인 근원이시다. 심오한 그의 길을 인간이 찾을 수 없다(롬 11:33). 그것은 인간의 지식과 지혜(34절)와 인간의 드림(35절)을 넘어선 것이다. 그에게서 나오고 그로 말미암은 '만물'(요 1:3; 골 1:16; 계 4:11)은 그를 위해 그리고 그의 영광을 위해 존재한다(골 1:16). 그러므로 "그에게 영광이 세세에 있을지어다 아멘"(참조, 롬 15:6; 16:27; 벧전 4:11; 계 5:12~13). 하나님은 자랑하기에 합당한 유일한 분이시다(고전 1:31). 전능하신 하나님은 모든 피조물에게 찬양받기에 합당하시다.

Ⅵ. 변화된 삶 속에서 드러난 하나님의 의(12:1~15:13)

바울은 그의 여러 서신들을 두 개의 주요 부분(교리적인 부분과 실제적인 부분)으로 나누었다. 비록 교리 부분이 실제적인 부분보다 두 배 정도 길기는 하지만 이 서신도 역시 그런 방식을 따랐다(에베소서와 골로새서는 교리적인 부분과 실제적인 부분의 분량이 비슷하다).

A. 기본적인 헌신(12:1~2)

12:1~2 실제적인 부분은 "내가 권하노니"라는 말로 시작된다(헬라어 본문에서는 이 말이 1절을 시작하는 말이다). '그러므로'는 이야기의 전환을 보여 준다(참조, 3:20; 5:1; 8:1의 '그러므로'). 바울이 권고하는 근거는 하나님의 자비하심(오이크티르몬[οἰκτιρμῶν]. 이 단어는 고린도후서 1장 3절, 빌립보서 2장 1절, 골로새서 3장 12절에서 '자비'로, 히브리서 10장 28절에서 '불쌍히 여김'으로 번역되었다)이다. 하나님의 자비는 로마서 11장에서 처음으로 자세히 묘사되었다. 바울이 권고하는 내용은 "너희 몸을(참조, 롬 6:13) 산 제물로 드리라"는 것이다. 그리스도인의 몸은 성령의 전이다(고전 6:19~20). '몸'이란 단어는 구약성경의 희생의 의미가 담긴 말로, 그 사람의 삶과 활동 전체를 대표하며, 그 사람의 삶과 행위를 표현하는 수단이다. 그러나 이것은 구약성경의 희생과는 대조적으로 '산' 제물이다. 이런 제물은 거룩하며(구별되었다) 하나님을 기쁘시게 한다. 또한 그것은 영적(로기켄[λογικήν]. 참조, 벧전 2:2) 예배(라트레이안

[λατρείαν])이다. 라트레이안은 제사장이나 레위인들이 행하는 것처럼 하나님을 위해 행하는 사역을 말한다. 그리스도인들은 제사장들로서, 대제사장인 주 예수 그리스도와 연합한 자들이다(참조, 히 7:23~28; 벧전 2:5, 9; 계 1:6). 그러므로 신자의 삶 전체를 하나님께 드리는 것이 곧 거룩한 예배이다. 바울이 치밀하고 훌륭하게 논한 하나님의 자비하심에 대한 해석(롬 1~11장)에 비추어 보면, 이런 제사는 분명히 신자들의 바람직한 응답이다.

바울은 신자가 하나님께 자기의 삶을 제물로 드리는 제사에 대한 일반적인 의미를 말했다. 그 제사는 부정적이고 긍정적인 면을 모두 포함한 생활양식의 완전한 변화를 말한다. 먼저 바울은 이렇게 명령했다. "너희는 이 세대(아이오니[αἰῶνι])를 본받지 말라"(문자적으로 '순응하지 말라.' 이 단어는 신약성경에서 이곳과 베드로전서 1장 14절에만 나온다). '이 악한 세대'의 생활양식을 따라 사는 일(갈 1:4. 참조, 엡 1:21)은 이제 그만두어야 한다. 바울은 다시 명령한다. "마음을 새롭게 함으로 변화를 받으라"(현재 수동태 명령형, "계속하여 변화를 받으라"). '변화되다'(메타모르푸스쎄[μεταμορφοῦσθε])는 내면으로부터 일어나는 전적인 변화를 말한다(참조, 고후 3:18). 이 변화의 열쇠는 그 사람의 자세와 생각과 느낌과 행동을 주장하는 중심 기관인 '마음'(누스[νοός])이다(참조, 엡 4:22~23). 하나님의 말씀, 기도, 성도의 교제 등의 영적인 훈련으로 마음이 계속 새로워질 때 생활양식도 계속 변화된다.

바울은 이렇게 덧붙인다. "하나님의 선하시고 기뻐하시고 온전하신 뜻이 무엇인지 분별하도록 하라"(도키마제인[δοκιμάζειν]: 시험하여 증명하다. 베드로전서 1장 7절에서는 '확실함'으로 번역되었다). 이 세 가지 특성은 NIV 성경이나 다른 번역본들이 암시하는 대로 하나님의 뜻이 지닌 특징이 아니다. 오히려 바울은 하나님의 뜻 자체가 선한 것이며, 그분을 기쁘게 하는 것이며, 완전한 것이라고 말한다. 예를 들어, '선'(good)은 형용사(하나님의 '선한' 뜻)가 아니라 명사(하나님의 뜻은 선한 것이다. 즉 신자들을 위한 선한 것이다)이다.

어떤 그리스도인의 마음에 변화가 있어 그리스도를 닮아 갈 때, 그는 자신의 삶을 위한 자신의 뜻이 아니라 하나님의 뜻을 분별하고 바라게 될 것이다. 그런 다음 그는 하나님의 뜻이 그를 위해 선한 것이며, 하나님을 기쁘게 하는 것이며, 모든 면에서 완전한 것임을 발견한다. 그것이 그가 알아야 할 모든 것이다. 신자는 오직 영적으로 새로워짐으로써 하나님의 뜻을 확인하고 행하고 누릴 수 있다.

B. 그리스도인의 사역에서(12:3~8)

12:3~5 신자의 헌신과 변화된 삶은 그리스도의 몸 안에서 영적 은사를 활용함으로써 나타난다. 그리스도의 사도로서('내게 주신 은혜로 말미암아.' 참조, 1:5; 15:15~16) 바울은 각 독자에게('너희 각 사람에게') 경고했다. "마땅히 생각할 그 이상의 생각을 품지(휘페르프로네인[ὑπερψρονεῖν]: 더 높게 생각하다) 말라." 자신을 대단하게 보는 것은 그리스도인의 삶을 벗어난 것이다. "오직 하나님께서 각 사람에게 나누어 주신 믿음의 분량대로 지혜롭게(소프로네인[σωφρονεῖν]: 건전한 생각) 생각하라(프로네인[φρονεῖν]). 하나님은 신자들 각자에게 봉사할 수 있도록 얼마간의 믿음을 주셨다. 바울은 동사 프로네오(φρονέω : 생각하다)를 가지고 여러 형

태로 언어유희를 구사함으로써, 모든 자연적인 능력과 영적 은사들이 하나님에게서 왔기 때문에 인간의 자랑이 어느 정도는 잘못이라고 강조했다(참조, 3:27; 11:18, 20). 결과적으로 모든 그리스도인은 겸손함을 지니는 것이 합당하며, 그리스도의 몸의 다른 지체들과 연합해야 할 필요성을 깨달아야 한다. 바울의 설명대로, 서로 다른 기능을 하는 지체들을 가진 육체적인 몸과 영적인 몸으로서 그리스도 안에 있는 신자들의 공동체 사이에는 어떤 유사점이 있다(참조, 고전 12:12~27; 엡 4:11~12, 15~16). 여기서 중요한 것은 몸이 지체들에게 봉사하는 것이 아니라, 모든 지체가 몸에게 봉사한다는 것이다. 단일체인 몸에는 많은 다양성이 수반된다. 그러므로 자신에 대해 바르게 생각하고 하나님의 은사와 그것들의 쓰임을 합당하게 평가하는 것이 중요하다.

12:6~8 이제 바울은 그가 말했던 것(3~5절)을 하나님이 주신 영적 봉사를 위한 능력의 활용(6~8절)에 적용시켰다. 그는 '받은 은사가 각각 다르다'(참조, '모든 지체가 같은 기능을 가진 것이 아니니'[4절]; 고전 12:4)는 원리에 입각해서 말한다. 은사들(카리스마타[χαρίσματα])은 하나님의 은혜(카리스[χάρις])대로 주어진다. 바울은 여기에서 일곱 가지 은사를 열거하는데, 그중 어느 것도 기적을 일으키는 은사가 아니다(예언은 예외일 수 있다). 헬라어 본문은 어느 영어 성경보다도 문체가 훨씬 더 급진적이다. "할 것이니라"는 부드러운 영어식 표현이다. '예언'은 **믿음의 분량대로** 해야 한다. 즉 예언(강하게 하고 격려하고 위로하는 하나님의 메시지를 전달하는 것[고전 14:3])은 이미 드러난 진리의 실체와의 관계 속에서 행해져야 한다(참조, 교훈을 의미하는 믿음[갈 1:23; 유 1:3, 20]). 여기에 나온 나머지 여섯 가지 은사는 섬기는 일, 가르치는 일, 위

로하는 일, 구제하는 일, 다스리는 일, 긍휼을 베푸는 일이다. 구제하는 일은 겉으로만 하지 말고 성실함으로(엔 하플로테티[ἐν ἁπλότητι]) 해야 한다(참조, 고후 8:2; 9:11, 13). 감독과 지도 혹은 다스림(프로이스타메노스[προιστάμενος]: 문자적으로 '앞장섬.' 참조, 프로이스타메누스[προιστάμενους : 다스리는 자], 살전 5:12)은 게으르거나 성의 없이 하지 말고, 부지런함으로(엔 스푸데[ἐν σπουδῇ]: 열심히, 정직하게) 해야 한다. 긍휼을 베푸는 일은 슬픈 얼굴로 하지 말고 즐거움으로(엔 힐라로테티[ἐν ἱλαρότητι]: 기쁨으로) 해야 한다. 이 일곱 가지 은사들 중 셋은 고린도전서 12장 28절에 나오며(사도, 선지자, 다스리는 것), 둘은 에베소서 4장 11절에 나오며(선지자와 목사-교사), 나머지 둘은 베드로전서 4장 10~11절에 나온다(청지기와 봉사). 자신의 은사가 무엇이든지 신자는 하나님의 청지기로서 그것을 신실하게 사용해야 한다.

C. 사회적인 관계 속에서(12:9~21)

이 부분은 짧은 권고나 명령으로 구성되어 있다. 이 권고나 명령은 그리스도인과 다른 사람들, 곧 구원받은 자들과 구원받지 못한 자들 모두와의 관계를 말한다.

12:9~10 바울은 이 권고들을 가장 핵심적인 말로 시작했다. "사랑에는 거짓이 없다." 이것은 성령을 통하여 신들에게 부어졌고(5:5) 또 성령의 능력 안에서 그들에 의해 다른 사람들에게 부어져야만 하는 하나님의 사

랑이다. '거짓이 없다'는 아뉘포크리토스(ἀνυπόκριτος : 문자적으로 '위선이 없이')를 번역한 것으로, 사랑(고전 6:6; 벧전 1:22)과 믿음(딤전 1:5; 딤후 1:5)과 지혜(약 3:17)에도 사용되었다.

이 첫 번째 명령 다음에는 관련된 한 쌍의 기본적인 명령이 뒤따른다. "악을 미워하고 선에 속하라." 많은 성경학자들은 이 두 구절을 사랑의 순수함에 대한 설명으로 보고, "악을 미워하고 선을 지켜 사랑을 거짓 없게 하라"고 번역한다. 모든 형태의 죄를 미워하는 것은 성경에 자주 언급된다(시 97:10; 119:104, 128, 163; 잠 8:13; 13:5; 28:16; 히 1:9; 계 2:6). 악을 떠난 사람은 선을 지지한다(참조, 벧전 3:11).

하나님의 사랑이 다른 신자들과의 사이에서 이행되어야 한다. '사랑하여'로 번역된 형용사 **필로스토르고이**(φιλόστοργοι)는 가족의 애정을 나타낸다. 로마서 9절과 마찬가지로 10절의 두 번째 부분은 첫 번째 명령을 설명하는 것으로 이해할 수 있다. 그러므로 10절은 이렇게 번역할 수 있다. "존경함으로 서로 양보하며 형제의 우애를 가지고 서로에게 가족적인 애정을 가지라"(참조, "자기보다 남을 낫게 여기라"[빌 2:3]).

12:11~12 이번에는 신자 개인의 자세, 곧 남의 관심을 좀 더 끄는 자세에 관련된 일련의 권고들이 나온다. 11절의 핵심은 마지막 명령인 **"주를 섬기라"**(둘류온테스[δουλεύοντες]. 디아코니안[διακονίαν]은 7절에서 '섬기는 일'로 번역되었다)이며, 처음 두 권고는 신자가 어떻게 주의 '종'(둘로스[δοῦλος]. 참조, 1:1)으로서 섬겨야 하는지를 설명한다. **게으르지 말고**(물러서지 말고, 망설임 없이, 게으르지 말고) **부지런하고**(엔 스푸데[ἐν σπουδῇ]: 부지런함. 8절에서는 '부지런함으로'로 번역되었다), 영적인 열심을 품어야 한다. **"열심을 품고"**는 문자적으로 "그 영(성령 혹은 사람의 영

혼) 안에서 열정 혹은 열심을 내라"(제온테스[ζέοντες]. 오직 이곳과 사도행전 18장 25절의 아볼로에게 사용되었다)는 뜻이다. 이 두 개의 명령은 부정과 긍정 명령으로서 서로 조화를 이룬다(참조, 롬 12:9). 신자들은 종으로서 하나님을 섬길 때 열정적이고 부지런해야 한다.

12절의 세 가지 권고는 독립적인 사항으로 이해할 수도 있고, 신자들이 어떻게 주를 섬겨야 하는지에 대한 부연 설명으로 이해할 수도 있다. 신자들은 소망 중에 즐거워해야 하는데, 이는 그리스도 안에 있는 그들의 소망이 기쁨의 근원이 되기 때문이다(5:2~5; 벧전 1:6~9). 그리고 환난 중에(쓸립세이[θλῖψει]: 곤란, 곤경, 압박. 참조, 롬 8:35) 참아야 한다(휘포메논테스[ὑπομένοντες]: 견디다, 인내하다. 참조, 5:3). 또한 지혜와 인도하심과 힘 주심을 위해 계속 하나님께 **기도해야** 한다(참조, 살전 5:17). '항상 힘쓰며'로 번역된 **프로스카르테룬테스**(προσκαρτεροῦντες)는 '전념하라' 혹은 '힘쓰라'로 번역되어야 한다(참조, 행 1:14; 2:42; 골 4:2).

12:13 다른 성도들에 대한 의무로 다시 돌아가서, 바울은 이렇게 권고한다. "성도들의 쓸 것을 공급하라"(코이노눈테스[κοινωνοῦντες]: 문자적으로 '나누라, 공유하라'). 이것이 예루살렘 교회를 특징지었다(행 2:44~45; 4:32, 34~37). 또한 이러한 관심은 안디옥 교회와(행 11:27~30) 사도 바울로 하여금(고전 16:1~4; 고후 8~9; 롬 15:25~27) 예루살렘 교회를 돕게 하는 계기가 되었다. 동일한 맥락에서 바울은 "손 대접하기를 힘쓰라"(문자적으로 "외인들에게 친절하기를 힘쓰라")고 명령했다. 구제하는 일과 대접하는 일은 모두 남을 돕는 일이다.

12:14~16 이 부분에 나오는 바울의 권고들은 다른 사람들의 행동과 감

정에 대한 신자의 반응에 관계된 것들이다. 핍박하는 자의 증오는 일반적으로 동일한 반응을 불러일으키지만, 바울은 "너희를 박해하는 **자를 축복하라 축복하고 저주하지 말라**"(참조, 마 5:44)고 명령했다. 아마도 바울은 스데반의 기도(행 7:59~60)와 예수 그리스도의 기도(눅 23:34)를 생각했을 것이다. 예수님과 스데반이 이에 대해 참된 본을 보였는데, 죽는 순간까지 박해하는 자들을 위해 하나님께 용서를 빌었다.

그리스도인들은 다른 사람들의 마음을 공감해 줄 수 있어야 한다. 바울은 이렇게 명령했다. "즐거워하는 자들과 함께 즐거워하고 우는 자들과 함께 울라." 이것과 연관되어 다음 명령이 나온다. "서로 마음을 같이하라"(문자적으로 "서로를 향해 같은 자세를 가지라." 참조, 롬 15:5; 빌 2:2; 벧전 3:8). 다른 성도와 '서로 마음을 같이하는 것'은 그들의 마음을 공감해 줄 수 있는 기초가 된다. 바울은 이 개념을 구체적으로 부정명령과 긍정명령으로 표현한다. "**높은 데 마음을 두지 말고**(문자적으로 "자신을 높게 생각하지 말라." 참조, 롬 11:20; 12:3) 도리어 낮은 데 처하라"(참조, 약 2:1~9). 이 명령들은 "스스로 지혜 있는 체하지 말라"(참조, 잠 3:7; 롬 11:25), 곧 "가당치 않은 감정과 태도를 버리라"는 명령으로 요약된다.

12:17~18 17~21절의 권고는 먼저 신자가 그들에게 악을 행하는 자들(17절)과 '원수'(20절)를 대하는 것에 대해 이야기하면서, 불신자들에 대한 신자의 태도를 교훈한다. 구약성경이 보여 주는 정의의 원리는 '눈에는 눈'(출 21:24)이었으나, 바울은 "아무에게도 악을 악으로 갚지 말라"(참조, 벧전 3:9)고 명령했다. 긍정적으로 말하자면, 그리스도인들은 선한(칼라[καλά]: 아름다운. 여기서는 '선한, 고상한, 존경할 만한'이라는 윤리적인 의미로 사용되었다) 일을 도모해야 한다. 다음으로 바울은 신자

들에게 "모든 사람과 더불어 화목하라"(참조, "서로 마음을 같이하라"[롬 12:16])고 명령했다. 그러나 그 한계성을 인식하고 있었기에 바울은 "할 수 있거든 너희로서는"이란 말을 덧붙였다. 항상 다른 사람들과 사이좋게 지낼 수는 없지만, 신자들은 불화에 대한 책임을 지지 않으면 안 된다(참조, 마 5:9).

12:19~21 바울은 부정명령을 다시 제시하면서(참조, 17절), 다른 사람에게 해를 당한 후에 친히 원수를 갚지 말라고 권고했다. 대신 그것을 하나님의 진노하심에(문자적으로 '진노하심을 위해') 맡겨야 한다. 이는 하나님이 자기 백성의 원수를 갚아 주시겠다고 약속하셨기 때문이다. "원수 갚는 것이 내게 있으니 내가 갚으리라"(신 32:35, 참조, 히 10:30). 하나님이 사울을 두 번 다윗의 손에 맡기신 것처럼 보였던 때에 다윗이 사울 죽이기를 거절했던 사건이 이 원리에 대한 성경의 고전적인 예다. 하나님이 원수를 갚으시겠다는 약속을 주셨으므로 그리스도인은 원수를 먹이고 마시게 해야 한다. 한마디로 원수를 그리스도의 사랑으로 대해야 한다. "숯불을 그 머리에 쌓아 놓으리라"는 잠언 25장 21~22절에서 인용한 것이다. 머리 위에 숯불을 얹는 것은 아마도 불타는 숯불 냄비를 머리에 얹음으로써 그 사람의 회개를 나타내는 이집트의 종교 의식에서 기인했을 수도 있다. 원수를 저주하기보다 도와줌으로써 그를 부끄럽게 만들어 회개시킬 수도 있다. 바울은 이렇게 결론짓는다. 보복하고자 하는 유혹에 져서 "악에게 지지 말고 선으로 악을 이기라"(참조, "원수를 사랑하라"[마 5:44]). 다시 긍정명령과 부정명령이 함께 주어졌다(참조, 롬 12:9, 11, 16~20).

D. 권세에 대해서(13:1~7)

13:1~3 로마는 제국의 수도로, 제국의 정부가 위치한 곳이었다. 로마에 살고 있던 이 편지의 수신자들은 네로가 통치하던 AD 54~68년 당시 로마의 영광과 수치를 모두 알고 있었다. 동시에 그들은 그리스도 왕국의 시민들이기도 했다(빌 3:20; 골 1:13). 그러므로 바울은 이제 그리스도인과 정부와 권세자들의 관계를 적절하게 말한다. 그 길이와 분명한 설명으로 보아 이 글은 이 주제에 관한 신약성경의 핵심 구절이다(참조, 딤전 2:1~4; 딛 3:1; 벧전 2:13~17).

사도가 말하는 기본적인 권고를 보자. "각 사람은 위에 있는 권세들(문자적으로 '더 높은 권세들')에게 **복종하라**." 복종하는 근본적인 이유는 그 권세들을 하나님이 정하셨기 때문이다(참조, 단 4:17, 25, 34~35). 그러므로 권세를 거스르는 자는 하나님의 명을 거스리는(문자적으로 '대항하는') 자다. 이런 자들은 실제로 하나님을 거역하면서 공동체와 하나님의 심판을 자초한다. 순종하고 의를 행하는 자들은 권세들을 두려워할 필요가 없다. 사실 관원들은 선을 행하는 자들을 칭찬한다.

13:4~5 권세자는 하나님의 사역자다. 그러나 오늘날 이 개념을 가끔 잊어버린다. 권세자들은 선을 행하는 자들을 칭찬함으로써(3절) 선을 베푼다(4절). 그러나 한편 그는 **하나님의 사역자로서**(바울은 이 구절에서 권세자들을 이런 식으로 두 번째 말했다. 참조, 6절), 곧 **진노하심의 대리자로서** 무기(칼)를 지니고 있다. 정부의 권력은 잘 사용한다면 독재를 막고 정

의를 실현하는 데 도움이 되며, 악을 행하는 자에게 보응하는 역할을 한다. 그리스도인이 정부의 권력에 복종해야 하는 이유가 두 가지 있다. 첫째, 진노를 면키 위해서이며, 둘째, 하나님의 명을 순종하도록 촉구하는 자기의 양심 때문이다.

13:6~7 정부 권력자들에 대한 그리스도인의 의무에는 복종 이상의 것이 있다(1, 5절). 그중 하나는 조세를 내어 정부를 지지하는 일이다(참조, 마 22:21). 하나님의 일꾼(참조, 롬 13:4)인 관원들은 나라를 다스리는 일에 항상 힘쓰기 때문에 그리스도인들을 포함한 시민들이 낸 세금으로 부양받을 필요가 있기 때문이다. 그래서 그리스도인은 물질(조세와 관세)이든 두려워함이든 존경이든 간에, **모든 자에게 줄 것을 주어야**(문자적으로 '모든 자에게 빚을 갚아야') 한다.

E. 미래에 비추어(13:8~14)

13:8~10 권력자들에 대한 신자들의 의무를 말한 것은 신자들이 다른 사람들에게 진 빚에 대해 생각나게 했다. 그래서 바울은 이렇게 명령했다. "**피차 사랑의 빚 외에는**(문자적으로 '피차 사랑 외에는') **아무에게든지 아무 빚도 지지 말라**"(문자적으로 '아무에게든지 아무 빚도 지지 말라'). 이것은 합당한 신용 거래를 금지하는 것이 아니라 모든 인간관계에서 하나님의 사랑을 나타내야 하는 그리스도인의 의무를 강조하는 것이다. 그리스도인은 결코 부족함이 없어 남을 사랑하는 '빚'만 져야 한다(요

13:34~35; 고전 16:14; 엡 5:2; 골 3:14; 요일 3:14, 23; 4:7, 11, 21).

바울은 사랑을 계속 베푸는 것이 왜 중요한지를 이렇게 설명한다. "남(문자적으로 '다른 사람')을 사랑하는 자는 율법을 다 이루었기(참조, 마 22:39; 막 12:31) 때문이다. 사랑은 계명을 단지 표면적으로만 따르는 것이 아니라 율법의 정수이다(참조, 갈 5:14).

이제 바울은 십계명 가운데서 사회적인 면을 다룬 몇 가지 **계명**을 인용한다. 이 금지 조항들(간음하지 말라, 살인하지 말라, 도둑질하지 말라, 탐내지 말라)은 순서상 7, 6, 8, 10계명이다(출 20:13~15, 17). 그런 다음 바울은 레위기 19장 18절을 인용하여 율법 전체를 요약했다. 유대 랍비들과 예수님은 율법의 사회적인 부분을 동일한 말로 요약했다(참조, 마 22:39). 바울은 이 원리를 다른 말로 표현했다. "사랑은 이웃에게 악을 행하지 아니하나니." 그런 다음 사랑이 모세의 **율법**을 완성한다는 기본적인 주장을 반복했다(참조, 롬 13:8). 사람은 오직 그리스도 안에서만 율법의 요구를 만족시킬 수 있다(8:4).

13:11 하나님의 사랑을 나타내는 것은 그리스도인의 의무이다. 하지만 그것이 특별한 이 **시기를 아는**(문자적으로 '때를 알다') 데 결정적인 것은 아니다. 바울은 일반적인 시간이 아니라 마지막 때와 예수님의 임박한 재림의 때를 말하고 있다. 그러므로 이 시기는 영적으로 깨어 있고 부지런해야 하는 때이다. "**자다가**(참조, 엡 5:14; 벧전 5:8) **깰 때**." 깨어나야 하는 이유는 우리의 **구원이**(구주의 재림 시에 실현될 궁극적이고 최종적인 구원. 참조, 롬 8:23; 히 9:28; 벧전 1:5) **처음 믿을 때보다 가까웠기**(참조, 약 5:8) 때문이다. 믿음 안에서 하루하루 살아가면 최종적인 구원과 구속이 점점 가까워질 것이다.

13:12 바울은 그리스도 재림과 신자들의 구원이 완성되는 때(11절)를 새날의 시작으로 보았다. 그리스도께서 계시지 않고(요 14:2~3; 행 1:11) 사탄이 활동하는(고후 4:4; 엡 2:2) 때가 밤으로 묘사된다(참조, 벧후 1:19). '낮'이 거의 가까웠기 때문에 바울은 독자들에게 어둠의 일을 벗고 빛의 갑옷을 입자고 촉구한다. 그리스도인들은 깨어서 전투 장비를 갖춰야 하는 군사들이다(엡 6:10~17; 살전 5:8). 그리스도를 경외하는 고결한 삶은 종종 빛 안에 있다는 말로 표현된다(요 12:36; 엡 5:8; 골 1:12; 살전 5:5; 요일 1:7; 2:10).

13:13~14 바울은 13절에서 전쟁에서 생활양식으로 장면을 바꾸면서, 12절의 권고를 반복했다. "낮에와 같이 단정히 행하자." 범죄와 폭력과 악은 어둠, 밤과 결탁되어 있다(요 1:5; 3:19~20; 8:12; 12:35, 46; 엡 5:8, 11; 6:12; 살전 5:7; 벧전 2:9; 요일 1:5~6; 2:9, 11). 아마도 이 대조는 '어둠의 일'(롬 13:12)이란 말에서 기인했을 것이다. 아무튼 그가 열거한 행위와 태도들(방탕함, 술 취함, 음란, 호색, 다툼, 시기. 참조, 갈 5:19~21)은 분명히 '어둠의 일'이다. 바울이 이런 부도덕을 열심히 열거한 것이 흥미롭다. 이런 행위와 태도들은 그리스도인의 삶에 자리 잡을 수 없다. 그리스도인은 '빛'에 속한다. 이런 행위와 생각은 어둠에 속한 것이다.

그리스도의 삶은 특히 그리스도의 재림에 비추어 보아 순결하고 거룩해야 한다(참조, 롬 13:11~12; 요일 3:3). 순결한 삶을 사는 비밀은 그리스도인들이 주 예수 그리스도로 옷 입는 것이다(참조, 엡 4:24; 골 3:10). 구원의 때에 그들은 '그리스도로 옷 입는다'(갈 3:27). 그래서 그들은 그에 합당하게 행해야 한다. 순결한 삶을 사는 비밀에는 정욕을 위하여 육신(사르코스[σαρκός]. 참조, 롬 8:3~5, 8~9, 12~13)의 일을 도모(프로노이안[πρόνοιαν])하지 않는 것도 포함된다. 그리스도인이 자기의 죄의 본질을 만족시키려는 방법들을 생각하는 것은 잘못이며 한계를 벗어나는 일이다.

F. 그리스도인 형제를 대함에 있어서(14:1~15:13)

인간관계에 있어서 그리스도인의 의무에 대해 여러 면을 이야기한 (12:9~21; 13:8~10) 바울은 이제 그리스도인 형제들과의 관계에 있어서 더 폭넓게 논의해야 할 특별한 문제들을 말한다. 하나님의 가족 안에서 조화로운 관계들은 중요하다.

1. 비판하지 말라(14:1~12)

그리스도인들은 영적 성숙에 있어서 서로 다른 수준에 있다. 또한 그들은 태도나 행동을 결정짓는 가지각색의 배경을 가지고 있다. 그러므로 그리스도인 형제들과 조화로운 삶을 영위하기 위해 배워야 할 것 중 첫째는 남을 비판하지 않는 것이다.

14:1~4 여기에서 초점은 강조 위치에 있는 '믿음이 연약한 자'(문자석으로 '믿음에 있어 약한 자')이다. 바울은 신자들에게 이런 사람을 받되(현재 중간태 명령형, "계속하여 너희들에게로 받으라." 참조, 15:7) 그의 의견을 비판하지 말라(문자적으로 "그 의견들에 관해 쟁론하지 말라")고 명

했다. 거리낌이 있는 형제의 생각과 견해를 언쟁을 통해 바꾸려고 해서는 교제를 맺을 수 없다.

이 거리낌 가운데 하나는 음식에 관한 것으로, 특히 고기를 먹는 문제에 대한 것이다. "어떤 사람은 모든 것을 먹을 만한 믿음이 있고 믿음이 연약한 자는 채소만 먹느니라." 그들이 채소만 먹는 이유는 설명되지 않았다. 주제가 그리스도인의 믿음에 대한 것이기 때문에, 그들이 채소만 먹는 이유가 우상에게 바쳐진 고기를 먹는 것을 미연에 방지하기 위한 것일 수 있다(참조, 고전 8장; 10:23~30). 그러나 믿는 자들의 거리낌의 이유가 문제의 핵심이 아니다. 견해가 서로 다르기 때문에 거리낌이 있게 된다는 것이 바울이 말하고자 하는 것이다.

그렇기 때문에 신자는 남을 판단치 말아야 한다. '업신여기다'(엑수쎄네이토[ἐξουθενείτω], 로마서 14장 10절에도 사용되었다)는 '멸시하다' 혹은 '경멸하다'(참조, 갈 4:14; 살전 5:20)로 번역되어야 한다. '강한' 그리스도인(참조, 롬 15:1)이 '연약한' 자를 멸시하지 말아야 하는 이유, 연약한 그리스도인이 강한 그리스도인을 판단하지(크리네토[κρινέτω]) 말아야 할 이유는 하나님이 그들을 모두 받으셨기(14장 1절과 같은 동사) 때문이다(남을 나쁘게 생각하지 말아야 할 또 다른 이유는 10절에 나온다). 신자는 하나님의 하인이기 때문에 그의 재판관이신 하나님이 그를 책임지고 계신다. 그리스도인은 형제를 비판하려는 마음이 들 때마다 바울의 질문을 직시해야 한다. "남의 하인(오이케텐[οἰκέτην]: 집 하인. 이 단어는 보통 쓰이는 단어 둘로스[δοῦλος : 노예]가 아니다)을 비판하는 너(문자적으로 '비판하는 자')는 누구냐?" 현재 분사 '비판하는 자'(the one judging)는 남을 비판하는 일이 로마 그리스도인들 가운데 있음을 바울이 알아챘다는 것을 암시한다. 그러나 하인은 다른 신자들이 아니라 그 주인에 의해 평가받기 때문에 이러한 비판은 잘못된 것이다. 그러므로 바울은 이렇게 결론지었다. "그가 세움을 받으리니 이는 그를 세우시는 권능이 주께 있음이라." 만약 어떤 신자가 다른 신자를 업신여기더라도, 하나님은 업신여기는 신자를 변호하실 수 있다.

14:5~8 견해 차이의 두 번째 예는 특별한 날에 대한 문제이다. "어떤 사람은 이 날을 저 날보다 낫게 여기고 어떤 사람은 모든 날을 같게 여기나니"(참조, 골 2:16). 누가 무엇을 주장하든 바울은 전혀 관심이 없었다. 그의 관심은 각자가 주께서 행하게 하신다고 느끼는 일을 행하고 있는지 살펴보고, 각각 자기 마음으로 확정해야 한다는 것이다(참조, 롬 14:14, 22). 그러므로 누구든지 주를 위하여 자기 생각을 지켜야 한다. 어떤 날을 중히 여기든지 아니든지, 혹은 고기를 먹든지 삼가든지, 혹은 성경에 금지되지 않은 어떤 문제에 관해서든지, 신자들 사이에 견해 차이가 있는 것이 사실이다. 모든 것은 주께 속했고, 주께서 허락하신 것이다(고전 10:25; 딤전 4:3~5). 모든 영역과 삶의 경험 속에서 각 신자가 그리스도를 위해 갖는 책임은 중요한 것이다. 각각의 그리스도인은 살든지 죽든지 주 앞에 있으며, 그리스도인 형제에게 맡겨진 것이 아니라 주께 맡겨졌다. 그러므로 사나 죽으나 우리가 주의 것이다.

14:9~12 바울은 여기에서 그리스도인들에게 남을 비판하지 말라고 권고한 신학적인 근거를 설명한다. 주 예수의 대속의 죽으심과 부활의 이유 중 하나는 죽은 자와 산 자의 주가 되려는 것이었다. 예수님이 주가 되시기 때문에 그리스도인들은 형제들을 서로 비판하거나(크리네이스[κρίνεις]) 업신여기지(엑수쎄네이스[ἐξουθενεῖς]: 멸시하다, 경멸하여 버리다. 참조,

3절) 말아야 한다. 어떤 그리스도인도 판단자로서 다른 사람 위에 있지 않다. 모두 재판관이신 그리스도 아래서 동등하다.

예수님은 주로서 언젠가 그분의 **심판대**(베마[βῆμα]. 참조, 고후 5:10의 주해)에서 그분의 종들이 행한 바를 평가하실 것이다. 바울은 모든 사람이 그리스도 앞에 서며, 그분을 주로 고백하리라는(참조, 빌 2:10~11) 이사야 49장 18절과 45장 23절을 인용하여 이 일이 분명히 있을 것을 확증했다. 이때 모든 신자가 **하나님께 자백**(문자적으로 '말')할 것이다. 바울이 로마 그리스도인들을 향해 편지를 쓰고 있으며(롬 1:7), 1인칭 복수 대명사와 동사로 자신을 그들에게 포함시켰기 때문에("우리가 다 서리라"[10절]) '하나님의 심판대'는 오직 주 안에 있는 신자들을 위한 것이다. 여기서 하나님의 심판대라고 부르는 것은 고린도후서 5장 10절에 나오는 그리스도의 심판대이다. 하나님은 그분의 아들을 통해 심판하시기 때문에(요 5:22, 27) 이 심판대는 하나님과 아들 모두에게 속한다고 말할 수 있다. 신자의 영원한 운명은 위태롭게 되지 않을 것이다. 그것은 그리스도를 믿음으로 결정되었다(참조, 롬 8:1). 각 신자들의 섬김의 삶이 평가될 때 어떤 해를 경험하기도 하겠지만(참조, 고전 3:12~15) 인내한 것에 대한 상도 있을 것이다(참조, 고전 4:4~5). 신자들에 대한 심판은 하나님의 주권을 결정적으로 드러낼 것이다.

2. 훼방하지 말라(14:13~23)

비판하지 말라는 바울의 경고는 다른 성도들의 신념에 대해 취해야 할 태도와 행위와 관련된 것이다(1~12절). 다른 측면으로는 자신의 신념이나 행위가 다른 그리스도인들에게 미치는 영향에 관한 평가와 관련된다. 바울은 이 부분에서 바울은 다른 신자들이 공감하지 못하는 신념을 따라 자유롭게 살아가는 것을 주장함으로써 다른 성도들을 걸려 넘어지게 하는 것(영적 성장을 훼방하는 것)에 대해 경고했다.

14:13~14 첫 문장은 앞 주제에 대한 최종적인 명령이자, 새로운 주제의 도입 문장이다. "그런즉 우리가 다시는 서로 비판(크리노멘[κρίνομεν]: 정죄)하지 말자"(현재 시제 가정법, "더 이상 우리가 서로를 판단하거나 정죄하지 말자"). 도리어 그리스도인은 자신과 자신의 행위를 비판하여 부딪칠 것(프로스콤마[πρόσκομμα]: 문자적으로 '걸려 넘어질 것.' 참조, 고전 8:9; 롬 14:20~21의 주해)이나 거칠 것(스칸달론[σκάνδαλον]: 문자적으로 '덫, 올가미.' 그러므로 '다른 사람을 죄로 이끄는 것'을 의미한다. 참조, 16:17)을 형제 앞에(문자적으로 '형제에게') 두지 말아야 한다.

바울은 음식에 관한 주제로 다시 돌아가서(14:2~3, 6), 무엇이든지(문자적으로 '아무것') 스스로 속된(코이논[κοινόν]) 것이 없다고 그리스도인으로 자신의 확신을 표현했다(참조, 행 10:15; 롬 14:20; 고전 8:8). 그러나 문제는 모든 그리스도인이 바울의 견해에 공감한 것이 아니라는 점이다(특히 유대 출신 그리스도인들). 그러므로 바울은 다만 속되게 여기는 그 사람에게는(문자적으로 '간주하는 사람에게는') 그것이 속되다(참조, 딛 1:15)고 적절하게 결론짓는다. 만약 누가 속되다는 견해를 고집한다면, 그로 인해 다른 사람들에게 해를 가져올 수 있다. 이것이 바울이 15~18절에서 말하는 요점이다.

14:15~18 모든 것을 먹는 그리스도인은 어떤 음식에 대해 거리낌을 갖는 형제에게 어떻게 행해야 할까? 그는 그리스도의 사랑 안에서 영적인

형제 된 자에게 영적 장애물을 놓지 않기 위해 그리스도 안에서 자신의 자유를 포기해야 한다. 만약에 그가 자유를 행사하기를 고집하여 형제가 근심하게(뤼페이타이[λυπεῖται]: 슬퍼하다, 상처를 입다) 되면 그 사람의 자유로운 행위는 더 이상 사랑으로 행하지(문자적으로 '걷지') 않은 것이라고 바울은 결론지었다. 이런 고집은 그리스도께서 대신하여 죽으신 형제를 영적으로 망하게 할 수 있다. '망하다'는 아폴뤼에(ἀπόλλυε)를 번역한 것으로, 영원한 멸망을 의미하지만 여기서는 일시적인 멸망을 의미한다. 어떤 그리스도인이 거리낌을 느끼는 정도가 지나치게 엄격하다고 할지라도 만약에 그 거리낌을 거슬러 행동한다면 상처 입은 양심으로 말미암아 그는 스스로 망할 것이다(참조, 고전 8:10~12). 자신의 자유를 고집하는 행위는 그리스도인으로서의 자유('너희의 선한 것')가 신성을 모독하는('비방을 받는,' 블라스페메이스쏘[βλασφημείσθω]) 결과를 낳게 할 수 있다.

이런 일들이 일어나서는 안 된다. 결국 음식은 그렇게 중요한 논쟁점이 아니다(고전 8:8). 음식은 하나님의 나라의 전부도, 실체도 아니다. 오직 성령 안에 있는 의(고결한 삶)와 평강(참조, 롬 12:16, 18; 14:19)과 희락이(참조, 15:13) 그리스도인들의 교제와 일치의 핵심이다. 사려 깊은 신자는 자신의 생활방식을 남들에게 강요하기보다는 의로운 행위와 화합과 기쁨을 강조한다. 결과적으로 이로써(그리스도 사랑 안에서, 성령 안에 있는 의와 평강과 희락을 추구함으로써) 그리스도를 섬기는 자(현재 분사, 둘류온[δουλεύων]: 계속하여 종으로서 섬기는 자)는 하나님을 기쁘시게 하며(참조, 12:1; 15:1; 히 13:21) 사람에게도 칭찬을 받는다(롬 14:16에서 악하다는 말을 듣는 것과는 대조적이다).

14:19~21 바울은 계속해서 그리스도인의 영적 삶을 훼방하지 말라는 데 역점을 두면서, 독자들에게 이렇게 요청한다. "그러므로 우리가 화평의 일(참조, 7절)과 서로 덕을 세우는 일(문자적으로 '서로를 세우는 일.' 참조, 살전 5:11)을 힘쓰자"(문자적으로 '계속하여 추구하자'). 바울에게 있어서 음식이나 그것에 대한 사람의 신념은 그리스도인 형제의 영적 건강과 하나님의 사업만큼 중요하지 않았다. 그러므로 어떤 사람이 음식("만물이 다 깨끗하다." 참조, 롬 14:14, '어떤 음식이든 속되지 않다')과 마시는 것에 대해 그리스도 안에서 갖는 자유를 주장하는 것이 다른 사람에게 거리낌(프로스콤마토스[προσκόμματος]: 걸림돌. 참조, 13, 20절)이 된다면, 그 주장은 악한 것이다. 고기나 마시는 것이나 무엇이든지 형제로 거리끼게(프로스코프테이[προσκόπτει]: 부딪히는. 참조, 13, 20절의 프로스콤마[πρόσκομμα]) 하는 것이라면 때때로 남들을 위해 그리스도인으로서 누리는 자유를 포기해야 한다. 바울이 고린도인들에게 쓴 것처럼, 모든 것이 가하나 모든 것이 덕을 세우는 것이 아니다(고전 10:23). "그런즉 너희의 자유가 믿음이 약한 자들에게 걸려 넘어지게 하는 것이 되지 않도록 조심하라"(고전 8:9).

14:22~23 바울은 제각기 다른 견해들이 존재하는 상황에서 개인이 갖는 신념에 관련해서 "네게 있는 믿음을(혹은 "네가 믿음을 가졌느냐?") 하나님 앞에서 스스로 가지고 있으라"고 결론 맺는다. 그리스도인은 다른 신자의 삶의 방식을 변화시키기 위해 더 엄격한 도덕 기준을 고집해서는 안 된다. 그 기준은 각각 자기 마음속에 있는 것인데(5절), 이는 모두가 '주를 위하여' 살고 있기 때문이다(8절). 바울은 이런 일들에 대해 깨끗한 양심을 가진 그리스도인이 복이 있다고 간주했다. 반면에 의심하고 먹는 자

는 정죄되었다(완료 시제 수동태). 만약 어떤 그리스도인이 하나님 앞에서 옳든 그르든 간에 자신의 마음에 의심을 품고 음식을 먹거나 무엇을 했다면(믿음이 '연약한' 자[1~2절]), 그의 행위가 하나님을 '믿음' 또는 '의지함'에서(에크[ἐκ : ~로부터]) 난 것이 아니기 때문에 잘못이다. 바울이 결론적으로 말한 대로 믿음을 따라(에크[ἐκ]: ~로부터) 하지 아니하는 것은 다 죄다. 그 원리는 이것이다. '의심이 들면 하지 말라.' 믿음이 '강한' 그리스도인(15:1)이 믿음이 연약한 형제를 죄짓게(거리낌 되는 일을 하게 함으로써[14:20]) 하는 것은 잘못이다. 또한 믿음이 연약한 형제가(1~2절) 의심이 드는 것에 항거하는 것도 역시 죄다(23절).

3. 그리스도를 본받아(15:1~13)

바울은 그리스도인은 남을 업신여기거나 비판하지도 말고(14:1~12) 형제의 행위를 훼방하지도 말아야 한다(14:13~23)고 말했다. 이제 그는 신자가 그리스도인 형제들을 대할 때 지켜야 할 세 번째 원리를 말한다. 그리스도인은 주 예수 그리스도를 본받아야 한다. 예수님은 자신이 아니라 다른 사람들을 위해 사역하신 분이다. 그러므로 그분의 이름을 부르는 자들이 그분을 본받는 것은 당연하다.

15:1~4 바울은 "믿음이 강한 우리는 마땅히 믿음이 약한 자의 약점(문자적으로 '쇠약, 약함')을 담당해야(계속적인 의무를 강조하는 현재 시제. 이것이 문장의 강조 위치에 있는 것은 그 중요성을 시사한다) 한다"라는 말로 앞의 논의를 요약한다. 믿음이 강한 자는 연약한 자를 멸시하지 말아야 한다. 오히려 연약한 자들의 짐을 나누어 져야 한다. 또한 믿음이 강

한 자는 자기를 기쁘게 하지 말아야 한다. 이 구절이 핵심이다. 그리스도인은 자기중심적이 되어서는 안 되며, 다른 사람들의 영적인 전쟁에 관심을 두어야 한다. 그러나 남을 기쁘게 하는 것이 궁극적인 목적이 아니고, 그들이 선을 이루고 덕을 세우도록(문자적으로 '덕을 위하여.' 참조, 14:19의 '덕을 세움') 하는 것이 목적이다. 이것이 주 예수 그리스도께서 보이신 본이다. "그리스도께서도 자기를 기쁘게 하지 아니하셨나니." 예수님은 그분을 보내신 아버지의 '뜻을 이루시기 위하여'(요 4:34), 그리고 아버지를 기쁘시게 하려고(요 5:30; 8:29) 오셨다. 이것을 뒷받침하려고 바울은 메시아적인 시편(시 69:9)의 일부를 인용했다. 그리스도께서는 하나님 아버지와 연합하셨기 때문에 다른 사람들에게 모욕을 당하셨다.

바울은 이제 성경의 목적과 사역에 관한 중요한 원리를 말한다. "무엇이든지 전에 기록된 바는 우리의 교훈을 위하여 기록된 것이니 우리로 하여금 인내(휘포모네스[ὑπομονῆς]: 역경을 견뎌 냄)로 또는 성경의 위로로 소망을 가지게 함이니라"(현재 시제, '계속하여 소망을 갖다.' 참조, 롬 5:3~5). 그리스도인들은 과거(자기 자신을 기쁘게 하지 않은 사람들에 관해 구약성경에 기록된 것)에서 교훈을 얻음으로써 현재의 삶에서 인내하고 위로를 얻고, 소망(확신) 안에서 미래를 바라보는 동기를 얻게 된다.

15:5~6 그리스도인이 성경에서 얻는 지속적인 인내와 위로는(4절) 결국 성경의 저자이신 하나님에게서 온다(5절). 바울은 하나님께 그의 독자들이 그리스도 예수를 본받아(문자직으로 '그리스도 예수를 따라') 서로 뜻이 같게(문자적으로 '같은 것을 생각하도록.' 12장 16절의 '마음을 같이하여'는 헬라어로 동일한 구조를 갖는다) 해 달라고 기도한다. 일치의 궁극적인 목적은 한 마음과 한 입으로(내적 감정과 외적 표현의 일치) 하나님

곧 우리 주 예수 그리스도의 아버지께(고린도후서 1장 3절, 에베소서 1장 3절, 베드로전서 1장 3절에서도 하나님에 대해 똑같은 표현을 썼다) **영광을 돌리게 하려**(현재 시제, '계속하여 영광스럽게 하다') 함이다. 이것은 그리스도인들과 교회의 최종적인 목적이다(참조, 롬 15:7; 고전 6:20; 살후 1:12).

15:7 그리스도인들 사이의 관계의 목적이 연합을 이루어 하나님께 영광을 돌리는 것이기 때문에 바울은 "**서로 받으라**"(현재 명령형, "계속하여 서로 용납하고 받으라")는 명령으로 끝맺는다. 이 명령은 그가 이 주제를 말하기 시작할 때(14:1) 믿음이 강한 그리스도인들에게 했던 명령과 동일하다. 그리스도인들이 본받아야 할 모델은 우리를 **받으신** 주 예수시다. 주께서는 그들이 '연약하고 경건하지 않고'(5:6), '죄인이었고'(5:8), '원수였을'(5:10) 때 그들을 받으셨다. 분명히 그리스도인들은 근본적인 문제들이 아닌 것에 대해 자기와 다른 의견을 가진 자들을 받을 수 있다. 예수 그리스도께서는 그들을 받으셔서 하나님께 영광을 돌리도록(문자적으로 '하나님의 영광을 위하여') 하셨다. 그것이 그리스도인의 연합의 목적이다(15:6).

15:8~12 바울은 그리스도인들의 모델로서 주 예수를 강조한 후에, 예수님의 사역과 목적을 이야기하기 시작했다. 그리스도께서 할례의 추종자(디아코논[διάκονον]. 이 단어에서 deacon[집사]이 나왔다)가 되셨다. 예수께서는 이스라엘을 위한 하나님의 메시아로서, 유대인으로 태어나셨다. 하나님은 예수님의 사역을 통해 이룰 두 가지 목적을 가지셨다. 첫째는 이스라엘 조상들에게 주신 약속들을 견고하게 하시려는 것이다(참조,

9:4~5). 둘째는 이방인들도 그 긍휼하심으로 말미암아 하나님께 영광을 돌리게 하시려는 것이다(참조, 15:6). 하나님은 오직 이스라엘과 언약하셨지(9:4) 이방인과는 하지 않으셨기 때문에(참조, 엡 2:12) 이방인에게는 견고하게 할 언약이 없었다. 이방인들에게 임하는 영적인 축복은 오직 하나님의 긍휼하심에서 기인한다. 그렇지만 하나님은 그들의 메시아인 예수님과 이스라엘에게 하신 언약을 통해 이방인들에게 영원히 복 주기로 계획하셨다(예, 창 12:3, 참조, 요 4:22).

그리스도 사역에 대한 하나님의 두 가지 목적은 이스라엘이 민족적으로 떨어져 나가고(참조, 롬 11:1~31) 교회가 유대인들과 이방인들로 이루어지고 있는(엡 2:14~22) 지금 성취되고 있다. 이스라엘이 열국의 머리로 회복되고 열방에게 복의 근원이 될 때(참조, 신 30:1~10) 그 목적은 온전히 성취될 것이다.

사도 바울은 이방인들과 관계된 그리스도의 사역과 목적에 관한 자신의 진술을 변호하려고 "기록된 바"(완료 시제, '그것은 기록되었다')라는 문구를 사용해서 구약성경 중 네 구절을 인용했다. 이 인용구는 구약성경의 각각 다른 부분에서('모세 율법과 선지자와 시편'[눅 24:44]), 유대인의 위대한 세 명의 영웅인 모세와 다윗과 이사야의 글에서 취한 것들이다. 첫 번째(롬 15:9)는 다윗의 구원의 노래(삼하 22:50; 시 18:49)에서, 두 번째(롬 15:10)는 이스라엘 민족을 위한 모세의 고별의 노래(신 32:43)에서, 세 번째(롬 15:11)는 성경의 가운데에 있는 가장 짧은 장(시 117:1)에서, 그리고 네 번째(롬 15:12)는 이사야의 메시아 예언(사 11:10)에서 인용했다.

이 네 개의 인용구를 통해 사상의 발전 과정을 볼 수 있다. 첫째, 다윗은 이방인들 가운데서 하나님을 찬양했다(롬 15:9). 둘째, 모세는 이방인들에게 주의 백성과 함께 즐거워하라고 권고했다(10절). 셋째, 시편 저자는 이방인들에게 주를 찬양하라고 명령했다(11절. 참조, 7절). 넷째, 이사야는 **이방인들이 이새의 뿌리**(메시야)**의 다스림을 받으며 그에게 소망을 두리라**고 예언했다(12절). 구약성경은 결코 이방인들을 '그리스도 예수 안에서 함께 상속자가 되고 함께 지체가 될 자'(엡 3:6)로 말한 적이 없지만, 분명히 그들을 하나님의 백성 이스라엘에게 주신 언약의 성취를 통해 복을 받는 자로 보고 있다.

15:13 마치 서신을 끝맺으려는 것처럼 들리는 표현이 여러 차례 있다(33절; 16:20, 25~27). 이 구절은 사실상 축복 기도이다. '소망의 하나님'이란 묘사는 앞 구절에서 말한 소망과 소망을 주는 성경에 기록된 하나님의 약속들(4절)과 연결된다. 바울은 하나님이 그의 독자들에게 **모든 기쁨과 소망을 넘치게 하시기를** 원했다(참조, 14:17). 기쁨은 소망의 성취를 미리 바라보는 즐거움과 연결된다. 평강은 하나님이 소망을 이루실 것을 확신하는 데서 온다(참조, 5:1; 빌 4:7). 이것은 **하나님을 믿을 때** 경험할 수 있다(참조, 히 11:1). 결과적으로 신자들은 **성령의 능력으로 소망이 넘치게 된다**(참조, 롬 15:19). 하나님의 자녀들의 영적 전쟁에 대한 그분의 모든 목적은 성령께서 주시는 능력으로 성취된다. 그리스도인의 삶에 대한 사도의 교훈을 마무리하는 이 구절은 얼마나 적절한 말씀인가!

Ⅶ. 맺음말(15:14~16:27)

바울의 서신은 모두 맺음말이 있는데, 그는 다른 어느 서신보다 로마인들에게 보내는 이 서신에서 더 많은 공간을 맺음말에 할애했다. 이것은 그가 한 번도 그 도시와 그곳의 교회를 방문한 적이 없었고, 그 독자들과 개인적으로 관계 맺기를 원했기 때문이다. 또 다른 이유는 의심할 바 없이 그가 로마를 방문하려고 계획했기 때문이다.

A. 개인적인 계획(15:14~33)

바울은 아직 만나 본 적이 없는 사람들에게 편지를 쓰면서 자신에 대한 개인적인 언급을 삼가는 데 놀랄 만한 자제력을 보였다. 단 한 번 자신에 대해 이야기했을 뿐(7:7~25), 그 외에 개인적인 언급은 거의 없다(1:8~16; 9:1~3; 10:1~2; 11:1). 이제 그는 서신을 끝마치면서 자기의 사역에 대한 생각과 그에 따른 계획을 이야기해야 한다고 느꼈다.

15:14~16 바울은 이 서신과 다른 서신들에서 무뚝뚝할 정도로 솔직하고 강한 모습을 보여 주었다. 그러나 그는 또한 다른 사람들의 심정에 대해 깊은 관심을 가졌으며, 효과적인 인간관계의 법칙을 활용하는 능력도 가지고 있었다. 이것은 그의 다음 말에서 엿볼 수 있다. "내 형제들아 너희가 스스로 선함이 가득하고 모든 지식이 차서(완료 시제, '모든 지식으로 채워져서.' 절대적인 의미에서가 아니라 그들이 모든 영역에 대한 기독

교의 진리를 이해한다는 의미에서) 능히(문자적으로, '할 수 있는') 서로 권하는(누쎄테인[νουθετεῖν]: 상담하다, 훈계하다. 참조, 골 1:28; 3:16) 자임을 나도 확신하노라"(완료 시제, '나는 계속 확신한다.' 참조, 8:38). 바울은 로마의 그리스도인을 낮게 평가하지 않았다. 오히려 그는 그들을 영적 지식에 밝고 성숙한 자들로 여겼다. 그렇다면 그는 그들에게 왜 이런 기초적인 기독교 주제들을 써 보냈는가? 바울은 이에 대해 이렇게 설명한다. "그러나 내가 너희로 다시 생각나게 하려고 … 더욱 담대히 대략 너희에게 썼노니"(과거 시제, '나는 썼다'). 베드로도 이와 똑같은 말을 했다(벧후 1:12; 3:1~2).

바울은 하나님의 은혜로 말미암아 특별한 위치에 있었기 때문에 독자들에게 몇 가지 중요한 것들을 일깨워 줄 권리가 있었다(참조, 롬 1:5). 그는 이방인을 위한 일꾼(레이투르곤[λειτουργόν]: 공적인 종)이었다. 이 사역은 제사장의 직분(히에루르군타[ἱερουργοῦντα]: 성스러운 일을 하다)으로 수행하는 것이며, 여기에는 하나님의 복음 선포가 포함된다(참조, 1:2~4). 그는 이방인들에게 복음을 전했기 때문에(11:3; 갈 1:16; 2:2, 7~9; 엡 3:8; 골 1:27; 딤후 4:17) 그들은 성령 안에서 거룩하게 되어(완료 시제, '거룩하게 된' 혹은 '구별된') 받으실 만한 제물이 되었다(참조, 벧후 1:2). 바울은 마치 제사장처럼 이방인들을 하나님께 인도한 다음 그들을 제물처럼 주께 드렸다. 성령의 사역으로 말미암아 구별된 이방인들을 하나님이 기꺼이 받으신 것은 교회 시대에 유대인과 이방인을 한 몸으로 연합시키려는 그분의 계획을 보여 준다(엡 3:6).

15:17~19 하나님의 은혜로 말미암은 이방인을 위한 특별한 사역의 결과, 그는 이렇게 확신했다. "그러므로 내가 그리스도 예수 안에서 하나님의

일에 대하여 자랑한다"(문자적으로 '자랑해 오고 있다'). 바울의 설명에 따르면, 이것은 단순히 인간의 업적에 대한 자랑이 아니다. "그리스도께서 이방인들을 순종하게 하기 위하여(문자적으로 '이방인들의 순종을 위하여) 나를 통하여 역사하신 것 외에는 내가 감히 말하지 아니하노라." '순종'이란 말은 '그리스도께로 옴'과 동의어인데(참조, 1:5; 벧전 1:2; 롬 16:26의 '순종'), 이는 하나님이 "어디든지 사람에게 다 명하사 회개하라"고 하셨기 때문이다(행 17:30).

바울은 모든 영광이 그리스도께 돌아간다는 것을 깨달았다. 그러나 바울도 그 일에 참여했다. 하나님이 바울의 말과 행위로 일하셨다. 사도 바울은 하나님에 의해 **표적**(세메이온[σημείων]: 신학적 진리들을 나타내는 기적들)과 **기사**(테라톤[τεράτων]: 불가사의한 일을 일으키는 기적들)를 행했다. 누가는 하나님이 바울을 통해 구브로에서 일으키신 기적(행 13:11, 엘루마를 소경으로 만듦)과 이고니온에서 행하신 '표적들과 기사들'(행 14:3. 참조, 행 15:12)과 루스드라(행 14:8~10, 19~20)와 에베소(행 19:11~12)와 드로아(행 20:9~12)와 멜리데(행 18:1~8)에서 행하신 기적들을 말했다. 표적들과 기사들과 기적들은 사도들의 사역을 입증했다(고후 12:12; 히 2:3~4). 바울은 이 모든 것이 **성령의 능력**으로 이루어진 것이라고 말했다(참조, 롬 15:13). 바울이 행한 놀라운 일들의 근원은 하나님의 은혜이고, 그 동기와 목적은 예수 그리스도이고, 그 힘은 성령님이시다.

그 결과 바울은 **예루살렘으로부터 두루 행하여 일루리곤까지**(문자적으로 이 말은 '예루살렘으로부터 일루리곤에 이르기까지 원형을 이루어'이다. 즉 '예루살렘과 그 주변'을 의미한다) 그리스도의 복음을 편만하게 전했다. 여기에서는 '하나님의 복음'(16절)이 그리스도의 복음으로 불린다. 신약성경은 바울이 회심 후 예루살렘을 방문한 일을 여러 차례 기록한다(행 9:26~28[참조, 갈 1:17~19]; 11:27~30; 15:2[참조, 갈 2:1]; 18:22). 사도행전 18장 22절에는 '예루살렘'이란 이름이 나오지 않지만, "올라가 교회의 안부를 물었다"는 말은 분명 예루살렘 교회를 가리킨다. 바울이 일루리곤을 방문했다는 기록은 신약성경의 어느 곳에도 없다. 이 지역은 달마디아로도 알려진 곳으로, 오늘날의 유고슬라비아에 해당한다. 그곳은 그리스의 서북부이다(사도행전 주석 뒤편의 지도에서 그 위치를 확인해 보라). 디도가 달마디아로 간 적이 있다(딤후 4:10). 논리적으로 말하자면, 바울은 고린도에 가기 전 고린도후서의 답장을 기다리는 동안 마게도냐로부터 일루리곤으로 갔다(행 20:1~3; 고후 13:1~2, 10). 이 방문은 그의 마음을 새롭게 해 주었을 텐데, 그 이유는 그가 고린도에서 로마서를 썼기 때문이다(로마서 주석의 서언을 보라).

15:20~22 바울의 사역에 있어서 지역 확대에는 나름의 원리가 있었다. "내가 그리스도의 이름을 부르는 곳에는 복음을 전하지 않기를 힘썼다." 바울은 예수 그리스도 안에서 하나님의 은혜의 복음을 받지 않은 지역에 복음을 전하는 참된 개척 전도자가 되려고 했다. 그는 남의 터 위에 건축하지 아니하려 했다(참조, 고전 3:10). 이렇게 말하고 나서 그는 이사야 52장 15절을 인용하여 자신의 사역 목적을 나타내고 다음과 같이 말했다. "그러므로 또한 내가 너희에게 가려 하던 것이 여러 번 막혔다"(미완료 시제, "나는 여러 번 방해받고 있었다"). 지금까지 바울은 항상 소아시아와 그리스 반도에서 새로운 사역지를 발견해 왔지만, 로마와 서바나(스페인) 너머까지 바라보았기 때문에 아직까지 만족하지 못하고 있었다.

15:23~24 아마도 일루리곤 방문을 통해 바울은 소아시아와 그리스 반도에는 이제 더 이상 복음을 받지 않은 곳이 없음을 확신했을 것이다. 이 말은 그가 모든 중심부를 방문했다는 것이 아니라 복음이 전파되어 지역 교회들이 설립됨으로써 그 일을 완수할 수 있게 되었음을 의미한다(참조, 행 19:8~10). 아무튼 바울은 "이제는 이 지방에 일할 곳이 없다"(문자적으로, "이 지방에는 더 이상 지역이 없다")고 결론지었다. 이 말과 쌍을 이루는 말은 그가 여러 해 전부터 로마 그리스도인들에게 가기를 바랐다는 것이다. 이 서신을 시작할 때 그는 그들을 방문하려 하고 있다고 밝혔다(롬 1:10~11, 13). 계속해서 바울은 **서바나로 갈**(참조, 15:28) 때에(헬라어에서 분명하지 않은 때는 '언제든지'라는 뜻이다) 그들에게 가기를 바라고 있다(이 말은 헬라어 본문에는 나오지 않지만 내용상 추정한 말이다)고 말한다. 그때 서바나는 로마 식민지였는데, 많은 유대인이 그곳에 살고 있었다. 그곳은 로마 제국의 서쪽 한계였다. 그는 **지나가는 길에** 로마 그리스도인들을 방문하려고 했다. 틀림없이 그는 로마에 오래 머무를 계획은 아니었을 것이다. 그래서 바울은 그들이 그를 **그리로 보내 주기**를 바랐다. 즉 바울이 서바나로 가는 것을 도와주기를 바란 것이다. 바울은 그들과 사귐으로 **얼마간 기쁨을 가진 후에**(문자적으로 '가득 채워지다,' '만족하다') 서바나로 가려고 했다. 바울은 로마의 신자들과의 교제가 그에게 새 힘과 영적인 만족을 준다고 진심에서 우러나오는 칭찬을 했다(참조, 1:13). 그는 또한 그들에게 신령한 은사를 나누어 주어 그들을 견고케 하고(1:11), 그들 중에서 열매를 맺도록(1:13), 즉 그리스도 안에서 성장하도록 돕기를 원했다.

15:25~27 바울은 미래에 대한 계획과 현재 감당할 사역 사이에 균형

을 이루고 있다. "이제는 내가 성도를 섬기는 일로(디아코논[διακονῶν]: 문자적으로 '돌보러') 예루살렘에 가노니." 바울의 예루살렘 방문은 예루살렘 성도 중 가난한 자들을 위하여 교회들이 자원하여 낸 연보를 전달하기 위한 방문이었다(참조, 행 24:17; 고전 16:1~4; 고후 8:13~14; 9:12~13; 갈 2:10). 소아시아의 교회들도 연보에 동참했지만, 바울은 마게도냐와 아가야만을 언급했다. 이 지역은 로마에 근접한 지역이며, 바울이 분명한 이유로 그의 마음에 품은 지역이었다(그리스의 이 두 지역의 위치를 지도에서 찾아보라).

섬김(코이노니안[κοινωνίαν]: 교제)의 자발성이 동사 기쁘게 ~하다의 반복으로 강조된다(참조, 롬 15:26~27; 고후 8:10~12). 동시에 바울은 그 교회들이 특별한 의무를 지고 있음을 깨달았다. "저희는 그들에게 빚진 자니." 이 도적적 의무감이 틀림없이 바울로 하여금 헌금을 제안토록 하였으리라. 이방인들이 그들(유대인들)의 영적인 것을(문자적으로 '그들의 신령한 것을.' 참조, 롬 11:11~12, 17~18; 15:12; 갈 3:14: 엡 3:6) 나눠 가졌으니, 이방 그리스도인들은 육적인 것(문자적으로 '육체의 것.' 참조, 갈 6:6)으로 그들(유대인들)을 섬겨야(레이투르게사이[λειτουργῆσαι]: 섬기다, 봉사하다. 참조, 롬 15:16의 레이투르곤[ρειτουργόν]) 한다.

15:28~29 다시 한 번 바울은 예루살렘에 갔다가 서바나로 가려는 것과 도중에 로마에 들를 것을 말했다(참조, 24절). 바울은 나중에 로마에 가긴 했지만, 그가 예상했던 시기와 방법으로 가지 않았다(행 27~28장)! 그가 서바나에 갔는지 못 갔는지는 확실히 알 수 없다. 그리스도인들은 미리 계획을 세워야 하지만, 융통성도 있어야 한다. 바울은 하나님이 예비하실 것을 확신하고서 그의 방문이 로마 그리스도인들에게 영적인 복이

될 것을 약속했다. "내가 … 그리스도의 충만한 복을 가지고, 즉 그리스도의 복을 가지고 너희와 나누려고 갈 것이다"(참조, 롬 1:11~13).

15:30~33 사도 바울은 성도들의 기도가 필요함을 깨닫고 거듭거듭 자신을 위한 기도를 요청한다(엡 6:19~20; 골 4:3~4; 살전 5:25; 살후 3:1~2; 몬 1:22). 여기서 그는 로마 교회 성도들에게 주 예수 그리스도와 성령의 사랑으로 말미암아 기도를 통해 그와 힘을 같이하여 달라고 요청했다. '성령의 사랑'은 성령을 위한 사랑이 아니라, 성령으로 말미암아 주신 사랑이다(참조, 롬 5:5). 하나님의 사랑을 깨달으면 그들은 기도를 시작할 것이다. 다른 사람을 위한 기도는 그의 사역에 동참하는 수단이다.

바울의 특별한 요청은 그가 유대에서 순종하지 아니하는 자들로부터 건짐을 받고 또 예루살렘에 대하여 그가 섬기는 일(디아코니아[διακονία])을 성도들이 받을 만하게 되기를 기도해 달라는 것이다. 바울은 예루살렘에 가기 전부터 그곳에서 일어날 문제들을 알았으며(행 20:23), 이방 그리스도인들이 드린 연보가 잘 전달되고 적절하게 분배되는 일에 깊은 관심을 두었다. 바울에 따르면, 만약 이 일들이 잘 이루어지면 그는 하나님의 뜻을 따라 기쁨으로 그들에게 나아가 그들과 함께 편히 쉬게 될 것이다. '편히 쉬다'로 번역된 말은 바울이 일이 잘된 것을 알고 그들과 함께 쉬거나 휴식을 취하는 것을 말한다. 바울은 짧은 송영으로 이 부분을 마친다. "평강의 하나님(참조, 롬 16:20; 15:13의 '소망의 하나님')께서 너희 모든 사람과 함께 계실지어다 아멘." 이것은 이 장에서 세 번째 나오는 송영이다(참조, 5, 13절).

B. 개인적인 인사(16:1~16)

로마의 수도는 제국 전역으로부터 사람들을 끌어들이는 일종의 자석이었다. 바울은 주요 인구 밀집지(예루살렘, 시리아의 안디옥, 빌립보, 아덴, 고린도, 에베소)를 자주 방문했는데, 그 방문으로 그는 로마 사회의 많은 사람과 접촉할 수 있었다. 이런 정황은 바울이 로마에 있는 많은 친구를 알고 있었던 점을 설명하는 데 도움이 된다. 많은 사람을 안다는 점으로 보아 그들에 대한 그의 깊은 관심은 칭찬받을 만하다.

16:1~2 뵈뵈('빛나는, 밝은'을 뜻한다)는 이 서신의 전달자였다. 그래서 바울은 그를 공적으로 소개했다. "우리 자매 뵈뵈를 너희에게 추천한다." 이 관계는 육적인 것이 아니라 영적인 것이다. 뵈뵈는 고린도에서 수킬로미터 떨어진 항구 도시 겐그레아 교회의 일꾼이었다(참조, 행 18:18). '일꾼'으로 번역된 디아코논(διάκονον)은 보통 사용되는 것처럼(롬 15:8; 고전 3:5) 집사의 직분을 나타내는 단어이다(빌 1:1; 딤전 3:8, 10, 13). 이 단어가 '교회의'라는 말과 함께 쓰여서 지위, 즉 바울의 사자로 봉사하는 사람에게 적절한 지위를 명확하게 해 준다. 바울은 그녀를 공식적으로 추천했을 뿐 아니라(참조, 고후 3:1), 로마 그리스도인들에게 주 안에서 성도들의 합당한 예절로 그를 영접하고 무엇이든지 그에게 소용되는 바를 도와주라고 요청한다. 왜냐하면 그녀가 여러 사람과 바울의 보호자(프로스타티스[προστάτις])가 되었기 때문이다. 그녀가 남들을 도왔기 때문에 그들도 그녀를 도와야 한다.

16:3~5 바울이 로마에 있는 친구들에게 전하기를 원했던 인사 목록(3~16절)은 그의 다른 서신들의 인사말 중에서 가장 긴 것이다. 26명의 이름을 불렀고, 다른 많은 사람을 언급했다(5, 10~11, 13~15절). 이 목록에는 여인들도 여럿 있다. 브리스가(3절), 마리아(6절), 드루배나와 드루보사(12절), 버시(12절), 루포의 어머니(13절), 네레오의 자매(15절). 다른 두 사람, 즉 유니아(7절)와 율리아(15절)도 아마 여인이었을 것이다.

바울은 두 번째 선교 여행 중에 고린도에서 브리스가와 아굴라를 처음 만났고(행 18:2), 천막 만드는 일을 그들과 함께 했다. 그들은 로마에서 유대인을 모두 추방한다는 글라우디오 칙령 때문에 로마를 떠나 고린도로 와야 했다. 그들은 바울이 고린도를 떠날 때 그와 함께 떠나(행 18:18), 그 일행이 잠깐 방문한 에베소에 머물렀다(행 18:19). 그곳에서 그들은 아볼로를 도왔으며(행 18:26), 또 의심할 바 없이 바울이 세 번째 여행 중에 에베소에 머물 때 그를 도왔을 것이다. 이는 그들이 고린도의 그리스도인들에게 문안을 드렸기 때문이다(고전 16:19). 그리고 나서 그들은 로마로 돌아갔음에 틀림없으며, 후에 다시 에베소로 돌아왔다(딤후 4:19).

바울은 그들을 그리스도 예수 안에서 나의 동역자들이라고 불렀고, 그들이 그의 목숨을 위하여 그들의 목까지도 내놓았다고 크게 칭찬했다. 어떤 방법으로 그들이 목숨을 무릅썼는지는 알려지지 않았다. 바울은 자신뿐 아니라 이방인의 모든 교회도 그들에게 감사한다고 덧붙였다. 바울은 그들의 집에서 모인 교회에도 문안했다. 분명히 로마 그리스도인들은 브리스가와 아굴라의 집과 같은 여러 가정에서 예배드렸을 것이다. 이 부부는 에베소에 있을 때에도 자기 집에서 교회를 이루었다(고전 16:19). 아마도 그들이 어디서 살든지 마찬가지였을 것이다. 다른 가정 교회들은 골로새서 4장 15절과 빌레몬서 1장 2절에 나온다.

문안을 받은 에배네도는 여기에만 나오지만, 바울은 그에 대해 '내가 사랑하는'(참조, 9절)이라는 말을 덧붙였다. 그는 아시아에서 그리스도께 처음 맺은 열매(첫 개종자)였다. 바울은 두 번째 여행 때 아시아에 가지 못했는데(행 16:6), 세 번째 여행 때 오늘날 터키의 서부에 해당하는 곳, 즉 아시아에 이르렀다(행 19:10).

16:6~7 마리아는 많이 수고한(매우 열심히 일한. 참조, 12절) 자로만 언급된다. 몇몇 헬라어 사본은 히브리어 형태로 '마리암'이라고 표기했는데, 아마도 이 여인은 유대인인 듯하다.

함께 문안을 받은 **안드로니고와 유니아**는 부부였을지도 모른다. 유니아는 남자와 여자에게 다 쓰일 수 있는 이름이다. 바울은 그들을 내 친척이라고 불렀는데, 이는 가계 혈통이 아니라 종족을 뜻한다(참조, 9:3).

바울은 또 다른 네 명의 '친척들'을 말했다(16:11, 21). 그는 안드로니고와 유니아를 그와 '함께 갇혔던 자들'(문자적으로 '나의 동료 죄수들')이라고 했다. 언제, 어디서 함께 갇혔는지는 말하지 않았다(참조, 고후 11:23). 바울은 그들을 **사도들에게 존중히 여겨지는**(에피세모이[ἐπίσημοι]: 문자적으로 '명성'[세마, σῆμα]을 지닌, 유명한, 이름난, 뛰어난) 자라고 칭찬했다.

'사도들'이란 말은 여기서 바나바와 실라와 같은 사람들까지 포함하는, 좀 더 넓은 일반적인 의미로 쓰였을 것이다(행 14:14; 살전 2:7). 그렇지 않으면 제한적인 의미로 쓰여서, 이 부부가 열두 사도들 사이에서 얻은 명성을 여기에서 언급하고 있는 것으로 볼 수 있다. 바울은 그들은 자신보다 먼저 그리스도 안에 있었다(완료 시제, '그들은 있었고, 지금도 여전히 있다')고 덧붙였다. 그렇다면 그들은 약 25년 전에 신자가 되었을 것이다.

16:8~11 암블리아는 바울이 주 안에서 사랑하는 자였다. 이것은 사도로부터 받는 극찬이었다. 우르바노는 그리스도 안에서 우리의 동역자로 불리고, 스다구는 나의 사랑하는 자(참조, 에배네도[5절])라고 불렸다. 바울은 아벨레에 대해 그리스도 안에서 인정함을 받았다(톤 도키몬[τον δόκιμον]: 검사를 통해 증명된 자. 참조, 동일한 말이 14장 18절에서는 '칭찬을 받다'라고 번역되었다. 관련된 부정사 도키마제인[δοκιμάζειν]이 12장 2절에서 '분별하다'라고 번역되었다)고 말했다. 그 외에 다른 사람들에게는 이름을 부르지 않고, "아리스도불로의 권속에게 문안하라"고 했는데, 아리스도불로는 아마 헤롯 대왕의 손자일 것이다(누가복음 1장 5절의 주해 부분에 나오는 '헤롯의 계보'를 보라). '권속'이라는 말에는 가족 구성원과 종들이 포함되었을 것이다(그러나 헬라어 문장의 문자적인 의미는 '아리스도불로에게 속한 자들'이다. 참조, 롬 16:11).

헤로디온은 친척으로서 문안을 받는데, 이번에도 이 관계는 혈통적인 관계가 아니라 동족의 의미일 것이다(참조, 7, 21절). 이름으로 보아 이 사람은 헤롯의 계보에 속한 자일지도 모른다. 또다시 바울은 개인들의 이름을 말하지 않고 나깃수의 가족(문자적으로 '나깃수에게 있는 자들, 나깃수에게 속한 자들')에게 문안했다. 그러나 그들 중 주 안에 있는 자들에게만 제한했는데, 이것은 나깃수의 가족이 영적으로 분리되었음을 나타내는 말일 수도 있다.

16:12~13 바울은 드루배나와 드루보사를 묶어서 언급하는데, 그들은 주 안에서 수고한 여인들이었다. 어떤 사람들은 그들이 자매, 혹은 쌍둥이

라고 생각한다. 사랑하는 자로 불린 버시는 주 안에서 많이 수고하는 여인이었다. 네 여인에게 '수고했다'는 말이 붙은 것이 흥미롭다(참조, 마리아 [6절]).

루포가 마가복음 15장 21절에 언급된 사람과 동일 인물인지 아닌지는 확실치 않다. 만약 동일 인물이라면, 그는 구레네 시몬의 아들로 북아프리카인이다. 바울은 루포에게 주 안에서 **택하심을 입었다**고 말했는데, 이 말은 신자에 대한 참된 수식이다(참조, 엡 1:4). 결과적으로 '택하심을 입은'이라는 말은 '뛰어난'을 의미하는데, 그 이유는 이 말이 구별된 수식으로 루포에게 주어졌기 때문이다. 이 문안은 바울이 그의 어머니이기도 하다고 말한 루포의 어머니에게도 해당한다. 바울은 그녀가 자신의 진짜 어머니라고 말한 것은 아니다. 하지만 그는 그녀에게서 모정 어린 돌봄을 받았다.

16:14~16 다음에 함께 나오는 다섯 이름은(14절) 분명히 어떤 공통점을 가졌을 텐데, 아마도 각기 다른 가정 교회의 지도자들이었을 것이다. '그들과 함께 있는 형제들'이란 말이 이런 추측을 가능케 한다. 그들의 이름은 모두 노예들 중에서 평범한 이름이다.

율리아는 빌롤로고의 아내였을 것이다. 다른 두 쌍의 부부는 브리스가와 아굴라(3절), 안드로니고와 유니아(7절)였다. 네레오와 그의 자매가 다음으로 문안을 받는데, 그 자매의 이름은 언급되지 않았다. 마지막으로 **올름바와 그와 함께 있는 모든 성도**에게 보내는 문안이 나온다. 이들은 아마 다른 가정 교회의 지도자들였을 것이다(참조, 14절).

이들 중에서 오직 브리스가와 아굴라만이 신약성경의 다른 곳에서 분명히 언급된다. 그러나 바울은 그들 모두를 개인적으로 알고 있었고,

그들과 그 교회에 개인적인 문안을 보냈다. 바울은 '사람들과 잘 어울리지 못하는 사람'이 아니었다. 그는 "거룩하게 입맞춤으로 서로 문안하라"(오늘날 악수와 유사한 인사법. 참조, 고전 16:20의 주해; 고후 13:12; 살전 5:26; 벧전 15:14)는 말과 "그리스도의 모든 교회가 다 너희에게 문안하느니라"는 총괄적인 인사말로 끝맺는다.

C. 맺음말(16:17~27)

16:17~20 바울은 마지막으로 영적인 원수들을 경계하라(살피라)는 경고를 빼놓을 수 없었다. 그들은 분쟁을 일으키고 주의 일을 훼방하는 자들이고, 성도들이 배운 교훈을 거슬러 거치게 하는(스칸달라[σκάνδαλα]: 덫, 올가미. 참조, 14:3) 자들이다. 신자들은 이런 거짓 교사들에게서 떠나야(현재 명령형, '떠나라') 한다. 이들은 그리스도를 섬기지(둘류우신[δουλεύουσιν]: 종들로서 섬기다. 참조, 14:18) 아니하고 다만 자기들의 배(참조, 빌 3:19)만을 섬긴다. 그들은 이기적인 폭식가들이다. 문제는 그들이 교활한 말과 아첨하는 말로 순진한(아카콘[ἀκάκων]: 죄 없는, 의심치 않는) 자들의 마음(문자적으로 양심)을 속이는 것이다.

바울은 곧바로 로마의 신자들이 순진한 자들로 여겨져서는 안 된다고 확신시켰다. 그들의 순종함(참조, 롬 1:5; 15:18; 벧전 1:2)은 널리 알려졌고, 바울은 그들로 인해 기뻐했다. 그러나 바울은 그들이 선한 데 지혜롭고 악한(카콘[κακόν]) 데 미련하기를 원했다. '미련한'으로 번역된 아케라이우스(ἀκεραίους)는 '혼합되지 않은, 단순한, 순결한'이라는 뜻이다. 헬

바울의 서신에 나타난 마지막 송영들	
로마서 16:20	"우리 주 예수의 은혜가 너희에게 있을지어다."
고린도전서 16:23	"주 예수 그리스도의 은혜가 너희와 함께할지어다."
고린도후서 13:13	"주 예수 그리스도의 은혜와 하나님의 사랑과 성령의 교통하심이 너희 무리와 함께 있을지어다."
갈라디아서 6:18	"형제들아 우리 주 예수 그리스도의 은혜가 너희 심령에 있을지어다."
에베소서 6:24	"우리 주 예수 그리스도를 변함없이 사랑하는 모든 자에게 은혜가 있을지어다."
빌립보서 4:23	"주 예수 그리스도의 은혜가 너희 심령에 있을지어다."
골로새서 4:18	"은혜가 너희에게 있을지어다."
데살로니가전서 5:28	"우리 주 예수 그리스도의 은혜가 너희에게 있을지어다."
데살로니가후서 3:18	"우리 주 예수 그리스도의 은혜가 너희 무리에게 있을지어다."
디모데전서 6:21	"은혜가 너희와 함께 있을지어다."
디모데후서 4:22	"나는 주께서 네 심령에 함께 계시기를 바라노니 은혜가 너희와 함께 있을지어다."
디도서 3:15	"은혜가 너희 무리에게 있을지어다."
빌레몬서 1:25	"우리 주 예수 그리스도의 은혜가 너희 심령과 함께 있을지어다."

라어에서 이 말은 물을 타지 않은 포도주와 어떤 방법으로든지 약해지지 않은 금속에 사용되었다. 이 말은 신약성경에서 두 곳에 더 쓰였다. 마태복음 10장 16절('순결하다')과 빌립보서 2장 15절('순전하다')이다. 그리스도인들은 악에 대해 미련하여 세상의 도를 따르지 말아야 한다(롬 12:2).

이 경고를 마무리하려고 바울은 "평강의 하나님께서(참조, 15:33; 히 13:20) 속히 사탄을 너희 발 아래에서 상하게 하시리라"(참조, 창 3:15)는 약속을 덧붙였다. 사탄은 거짓 교사들(롬 16:17~18)을 지배하고 있으나, 결국에는 멸망하고 하나님이 평화를 세우실 것이다(계 20:1~6). 이제 바울은 하나님의 은혜에 관한 또 다른 송영을 부른다(참조, 롬 15:13, 33. 도표 〈바울 서신에 나타난 마지막 송영들〉을 보라).

16:21~24 여기에서는 바울의 동료들이 보내는 개인적인 문안이 나온다. 우선 바울의 동역자 디모데와 그의 친척 누기오와 야손과 소시바더가 등장한다. 이들 역시 바울의 친족이 아니라 동족들이다(참조, 7, 10절). 이들은 아마 다른 곳에서 같은 이름으로 언급된 자들과 동일 인물일지도 모른다(행 13:1; 17:5~9; 20:4. 참조, 고후 9:4).

이 서신의 대필자 더디오의 문안이 언급된다. 고린도에서 바울이 묵었던 집주인인 가이오도 등장하는데, 분명히 그의 집에서 교회가 모였을 것이다. 이 가이오는 아마도 마게도냐에서 와서 바울과 함께 여행한 가이오도 아니고(행 19:29), 더베에서 온 가이오도 아니었을 것이다(행 20:4). 아마 바울에게 세례를 받은 개종자였을 것이다(고전 1:14). 에라스도의 문안이 이어지는데, 그는 **그 성의 재무관**(문자적으로 '그 성의 청지기,' 고린도에서 높은 지위였다)이었다. 바울은 **구아도**를 우리의 **형제**라고 부르는데, 의심할 바 없이 육적인 형제가 아니라 영적인 형제를 의미한다. 20절의 송영을 반복하는 24절은 주요 헬라어 사본에는 나오지 않으며, 원본에는 없었던 것으로 간주된다.

16:25~27 마지막 송영에 이르렀다. 로마인들에게 보내는 이 서신은 바울이 선포한 메시지에 대한 가장 길고 가장 완전한 글이다. 그 메시지는 그가 "나의 복음(참조, 2:16; 딤후 2:8)과 예수 그리스도를(예수 그리스도

에 관하여) **전파함**"이라고 부른 것이다. 이 메시지의 진리는 "너희를 능히 견고하게 하실 자"라는 찬양에서 표현된 것처럼(참조, 벧전 5:10), 영적인 삶과 견고함을 이루는 수단이다.

바울은 이 메시지의 여러 가지 측면(예를 들어, 롬 11:25; 고전 15:51; 엡 5:32)과 어떤 의미에서 전체 메시지(참조, 엡 3:3~9; 골 1:26~27)가 '영세 전부터 감추어졌다가 이제는 나타내신 바 된 비밀'이라고 말했다. 그리스도 복음의 메시지는 구약 시대에는 감추어졌다가 신약 시대에 나타났다. 영원하신 하나님(딤전 1:17)의 명을 따라 선지자들의 글(구약성경. 참조, 롬 1:2)에 그리스도가 언급되었지만(눅 24:44~45), 그 선지자들도 자신이 쓰는 것을 완전하게 알 수가 없었다(벧전 1:10~12). 그러나 교회 시대에는 그들의 글이 이해되었다. '그 신비의 계시'의 목적은(롬 16:25) 모든 민족이 믿어 그리스도께 순종하게 하려는 것이다(참조, 1:5; 15:18; 벧전 1:2). 복음의 지리적인 전파에 대한 바울의 관심이 여기서 분명히 드러난다(참조, 마 28:19). 이것은 바울이 제국의 수도에 있는 신자들에게 서신을 보낸다는 관점에도 부합된다.

이제 바울은 송영의 대상을 분명하게 밝힌다. "지혜로우신 하나님께." 헬라어 본문에는 이 표현 다음에 바로 "예수 그리스도로 말미암아"라는 말이 뒤따른다. 이것이 지혜의 하나님이 그리스도를 통해 가장 많이 드러나셨음을 말한다(참조, 골 2:3). 헬라어 본문에 따르면 그에게 "영광이 세세무궁하도록 있을지어다 아멘"(참조, 롬 11:36)이라는 송영으로 끝난다. 궁극적으로 하나님 아버지께서는 찬송받으실 분이며, 영광이 영원히 있는 분이시다(참조, 고전 15:24~28).

참고문헌

- Barnhouse, Donald Grey. *Exposition of Bible Doctrine Taking the Epistle to the Romans as a Point of Departure*. Reprint(10 vols. in 4). Grand Rapids: Wm. B. Eerdmans Publishing Co., 1952~64.
- Barrett, C. K. *A Commentary on the Epistle to the Romans*. Harper's New Testament Commentaries, New York: Harper & Row Publishers, 1957.
- Best, Ernest. *The Letter of Paul to the Romans*. Cambridge: Cambridge University Press, 1967.
- Black, Matthew. *Romans*. New Century Bible. London: Marshall, Morgan & Scott, 1973.
- Bruce, F. F. *The Epistle to the Romans: An Introduction and Commentary*. The Tyndale New Testament Commentaries. Grand Rapid: Wm. B. Eerdmans Publishing Co., 1963.
- Cranfield, C. E. B. *A Critical and Exegetical Commentary on the Epistle to the Romans*. The International Critical Commentary. 6th ed 2 vols. Edinburg: T. & T. Clark, 1975, 1979.

- Codet, Frederic Louis. *Commentary on Romans*. 1883. Reprint. Grand Rapids: Kregel Publication, 1977.
- Harrison, Everett F. "Romans." In *The Expositor's Bible Commentary*. vol. 10. Grand Rapids: Wm. B. Eerdmans Publishing Co., 1976.
- Hendriksen, William. *Exposition of Paul's Epistle to the Romans. New Testament Commentary*. 2 vols. Grand Rapid: Baker Book House, 1980, 1981.
- Hodge, Charlse. *Commentary on the Epistle to the Romans*. 1986. Reprint. Grand Rapids: Wm. B. Eerdmans Publishing House, 1950.
- Hunter, Archibald Macbride. *The Epistle to the Romans: Introduction and Commentary*. London: SCM Press, 1955.
- Ironside, H. A. *Lectures on the Epistle to the Romans*. Neptune, N. J: Loizeaux Bros., 1928.
- Johnson, Alan F. *Roman: The Freedom Letter. Everyman's Bible Commentary*. 2 vols. Chicago: Moody Press, 1976.
- Moule, H. C. G. *The Epistle of St. Paul to the Romans*. 1892. Reprint. Minneapolis: Klock & Klock Christian Publishers, 1982.
- Murray, John. *The Epistle to the Romans*. 2 vols. Grand Rapid: Wm. B. Eerdmans Publishing Co., 1959, 1965.
- Sandlay, William & Headlam, Arthur C. *A Critical and Exegetical Commentary on the Epistle to the Romans*. The International Critical Commentary. 5th ed. Edinburgh: T & T. Clark, 1955.
- Stifler, James M. *The Epistle to the Romans*. Chicago: Moody Press, 1960.
- Thomas, W. H. Griffth. *Romans: A Devotional Commentary*. 3 vols.

London Religious Tract Society, n. d.

- Vaughan, Curtis & Corley, Bruce. *Romans: A Study Guide Commentary.* Grand Rapid: Zondervan Publishing House. 1976.
- Wiersbe, Warren W. *Be Right.* Wheaton, Ⅲ.: Scripture Press Publications, Victor Book, 1976.